99歳、現役です！

最高齢ニッセイセールスレディーの
生きかた働きかた

川上二三子

太田出版

99歳、現役です!

最高齢ニッセイセールスレディーの生きかた働きかた

はじめに　九九歳、現役です！

「営業部長、こんどの出張先は長崎ですがスケジュールは大丈夫ですね」

朝、オフィスに出勤した私は営業部長に確認に行きました。

「はい、予定を空けましたから安心してください」

若い営業部長がにっこり微笑みます。

今回の長崎出張は、長年取引させていただいているお客様との新たな契約のため。

大口の取引なので、万全を期して臨まなくてはなりません。

営業部長も同行します。

「今回は泊まりがけにしましょう。そのほうがゆっくりできますからね。宿泊の手配も私のほうでやっておきます」

「ありがとうございます」

親切な営業部長は三〇代半ばの生え抜き。

でも、私にとっては孫と言っても良い年齢です。

営業部長だけではありません。

このオフィスのスタッフたちは、みな私の子どもや孫であっても、おかしくない年齢の人たちばかりです。

「孫の年齢って、いったい、あなたはおいくつなのですか?」

いぶかしがられても無理はありません。

私は大正一〇年（一九二一年）の生まれです。

令和二年の今年、九九歳になります。

初めて会った方にそう申し上げても、まず信じてもらえません。

「うそでしょう!」

「そんなお歳には見えません」

ありがたいことに、そうおっしゃってくださる方もいらっしゃいます。

でも、それ以上に驚かれるのは、この歳でまだ働いていることです。

私は、ほぼ毎日、東京都内のオフィスに出勤して、お昼は同僚たちといっしょに外におそばを食べに行ったりします。

「何の仕事をされているのですか」ですって？

生命保険のセールスレディーをしております。（現在、うちの会社ニッセイではトータルパートナーと呼びます）

レディーというには少々年齢を重ねてはおりますが、現役のセールスパーソンとして、営業活動をしています。

さすがに若いときのように、一日に何軒もお客様のもとを訪ねるといったハードな仕事はできません。

それでも、オフィスに着くと、その日の予定を確認し、それからなじみのお客様に電話をかけたり、同僚から新商品の説明を受けたり、会議に参加したりというのは昔と変わりません。

パソコンの操作は苦手ですが、そこは同僚や上司がサポートしてくれます。

とはいうものの、そもそも、会社はその年齢でも働くことを認めているのかと不思議に思われるかもしれません。

私も不思議です。

それは保険のセールスという仕事の性格によるものだと思います。

セールスレディーは正社員でありながら、同時に個人事業主です。

正社員としての定年は、ほかの会社と同じく六五歳。

でも、希望すれば、そのあとも再雇用契約を結んで、嘱託として仕事をつづけられます。

そこまではほかの仕事と同じです。

しかし、保険の仕事というか、とくに私の会社がすばらしいと思うのは、本人にやる気があって、会社が「いても良いよ」と言ってくれれば、年齢と関係なく、いつまでも働くことを許してくれることです。

もちろん、本人がやめたいと思えば、いつでもやめられます。

でも、私は仕事が楽しくて仕方ありません。

家で、ぼんやりしているよりも、長年おつき合いのあるお客様のお役に立てることのほうが、ずっと充実しています。

お客様にお会いしなくてはなりませんから、身だしなみにも気をつかいます。

その緊張感が気持ちをひきしめてくれます。

とはいえ、途中で「もう、やめよう」と思ったことも数知れません。

体をこわして、入院したときは、もう潮時だなと思いました。

でも、そのたびに長年懇意にしてくださっているお客様たちの顔が浮かび、同僚たちのあたたかいヘルプやサポートのおかげで、もう少しだけつづけようと思いました。

そうこうしているうちに、今に至っています。

何よりも、こんな私に「いても良いよ」と言ってくださる会社には深く感謝しています。

そして仕事ができるかぎり、ささやかながら会社や社会に貢献をつづけたいと思っています。

私は、保険の仕事を若いときに始めたわけではありません。

子どもが独立して結婚し、自分の時間ができたとき、知り合いに誘われるまま何となくやってみたのがきっかけです。

そのとき私は五十歳。

それまでは専業主婦で、家事と子育てにかかりっきりで、外で働いたことはいちどもありませんでした。

誘ってくれた知り合いへの義理を果たすために、ちょっとだけやったら、すぐにやめるつもりだったのです。

けれども、人生はわかりません。

良いお客様に恵まれたおかげで、これまで全国五万人の営業スタッフのうち、売り上げ上位五〇〇名に与えられる「グランプリ」を三〇回連続で受賞しました。

会社で歴代約二五〇名しかいない殿堂入りも果たしました。

いちばん成績が良かった年で、およそ七〇億円の売り上げがありました。

私が八九歳のときでした。

トップクラスの方の年間の売り上げは、だいたい二〇億くらいと言われているので、私はたいへん恵まれていたと思います。

保険の仕事というのは、契約が取れるかどうかで毎年収入が変わります。

固定給はありますが、けっして高くはありません。あとは契約金額などによる歩合制です。

ですから、ある年は良くても、次の年はがくんと下がることもあります。

それでも、私は毎年五億から六億くらいの売り上げをあげてきましたので、それに応じた収入として報われています。

コンスタントに、しかもこの歳になるまで、この売り上げを保ちつづけている人は、あまりいないかもしれません。

そんなすごい成績を上げているというと、ひょっとしたらバリバリのスーパーウーマンのような人を想像されるかもしれません。

とんでもありません。

私は一人では何もできません。

大学も出ていません。

ほかの仕事の経験もありません。

特別なスキルなど何もありません。

それでも半世紀近くにわたって大きな成果を上げてこられたのは、運が良かったこと、そして先ほども申し上げたように、良いお客様や人に恵まれたおかげだと思います。

さらに、同僚や上司のていねいなサポートや励ましがなかったら、とてもここまでつづけられなかったでしょう。

私がこの仕事を始めたのは、今からおよそ半世紀前の昭和四〇年代半ばです。

大阪で万博のあった翌年でした。

当時は、営業といえば、一軒一軒お客様を訪ね、世間話などしながら信頼関係を築いて、契約していただくというものでした。

契約したあとも、毎月、集金のためにお客様のもとを訪ねました。

時にはいろんな相談に乗ったり、お客様の好きなものをプレゼントしたりして信頼を育てていったものです。

でも、やがて集金が銀行からの自動引き落としに変わり、コンピューターが導入されるようになって、営業のかたちも大きく変わりました。

先ほども申し上げたように、私はコンピューターが使えません。

覚えたくても頭に入らないのです。

コンピューターが使えないのだから、もう仕事はできないのではないか、それなら、もうやめようと考えたこともあります。

でも、そんなとき、同僚たちが言ってくれました。

「川上さん、コンピューターが使えなくても大丈夫ですよ。私たちがサポートしますから」

何て、やさしい同僚たちでしょう。

コンピューターだけではありません。

歳をとって体力も落ち、足腰も弱くなった私を、上司も同僚も大事にしてくださいます。

足りないところ、できないところはたくさんあるけれど、そこを同僚やお客様たちが支えてくださるおかげで、私は仕事をつづけてこられました。

ですから、その分、私は自分ができることでお返ししたいと思うのです。

歳をとっても、ふつうの人ができないことができるような才能ある方も世の中にはいます。

八〇歳を過ぎても、ヒマラヤの山に登ったり、芸術の世界で活躍したりという方たちを見ると、私は心からすごいなあと思います。

でも、私はそういう人ではまったくありません。

できないことをできるようにすることは、私にはできません。

できないところを手伝ってくださるまわりの人たちがいるから、私はできることでお返しができるのだと思います。

高齢化社会と言われるようになって、お年寄りも活躍しなくてはいけないと言われます。

でも、活躍できるような能力や才能にだれもが恵まれているわけではありません。

できないことをできるようにする努力は大事だと思います。

しかしそれ以上に、できないことを手伝ってくださるような人との関係があることが、もっと大事なのではないかなと、この歳になって思います。

どうして、私のまわりにそういう関係ができたのか、じつは自分でも、よくわかりません。

ひとつ言えることがあるとすれば、私は何をするにも一生懸命だったことです。

もちろん、この世界で一生懸命にやっている人はたくさんいます。

それでも結果を出せる人もいれば、なかなか結果を出せない人もいます。

同じ一生懸命でも、いったい、何がちがうのでしょう。

ひとつ、わかったことがあります。

だれかのために一生懸命にやっていると、まわりの人たちも影響されて動いてくれるんです。

「川上さんがそれだけがんばっているのなら、手伝いましょう」

そう言ってくださる方が現れるのです。

たとえ自分一人ではできないことでも、だれかのために何とかしてあげようと一生懸命になっていると、まわりの人も動いてくれます。

私が結果を出しつづけられたのは、そのおかげだと思っています。

それを運の良さと呼べるなら、運の良さもまた「一生懸命」から生まれてくると言えるかもしれません。

私はこの本で、自分の人生をふりかえりながら、一生懸命に生きるとは、どういうことか、お伝えできればと思います。

99歳、現役です！

最高齢ニッセイセールスレディーの生きかた働きかた

目次

一章▼壁の花では終わりたくない　21

二章▼私の営業手法　55

三章▼思い通りにならないのが人生

83

四章▼縁の神様におまかせする　129

造本装幀　岡 孝治＋鈴木美緒
写真　ヒキノ ワカナ

コンピューターは苦手です

一章

壁の花では終わりたくない

九六歳で長崎出張！

飛行機が高度を下げると、島に浮かぶ滑走路が目に入ってきました。

大村湾に浮かぶ海の上の空港。

一年ぶりの長崎ですが、海の美しさはあいかわらず。

のんびり観光でもしたいところですが、今回は新しい契約のための大事な出張。

私が大切にしている会社、A社の本社が長崎にあるのです。

空港からすぐにタクシーで、私と営業部長は取引先の会社へと向かいました。

取引先の社長とは二〇年のおつき合いですが、会社としてはもう四〇年以上のおつき合いになります。

契約の話が決まったとき、「そちらへ伺わせていただきます」と言うと、社長は「川上さん、大丈夫ですか。たいへんじゃないですか」と気づかってくださいました。

私はこのとき九六歳。

若いときほどではないですが、大事な仕事とあらば、どこへでもかけつけるくらいの体力や気力はまだあります。

何しろ現役のセールスレディーなんですから。

「川上さん、遠いところ、よくいらしてくださいました」

社長をはじめ、会社幹部の方たちが迎えてくださいました。

つき合いが長いとはいえ、こうして歓迎していただけると恐縮します。

しばらく歓談したあと、契約書類を出して、説明を始めます。

必要なところは、営業部長が説明を補ってくれます。

今回、契約するのは、社員の方たち全員の養老保険。

満期になると保険金が受け取れる貯蓄型の保険です。

最近は毎月の掛け金が低めなことから、掛け捨て型の保険が増えていますが、貯蓄のできる養老保険には根強い人気があります。

長年、おすすめしてきたこの保険を今回新たに契約してくれることになったのです。

お客様の守秘義務に関わることなので、具体的なことはお話しできないのですが、百人を超える社員の方たちの、総額数十億の契約は会社にとっても特別な取引です。

「川上さんとならば」ということで信用してお取引くださる会社には心から感謝しています。

無事契約を終えて、この日の夜は長崎泊まり。

さすがに、日帰りはこたえるので、のんびり長崎の夜を楽しむことにしました。

美しい夜景を楽しみ、おいしい料理に舌鼓をうって、また明日からの東京での業務のために英気を養います。

保険の仕事を始めてほぼ半世紀、もちろん、初めからこのような大口の契約が取れたわけはありません。

長崎のA社との取引のきっかけも、銀行などの紹介からつながったご縁です。しかし、ご縁があったからといって、すぐにビジネスになるわけではありません。

そのご縁を、時間をかけて、大切に育ててきたからこそ、今回のような大きな契約に結びつくこともあるのだと思います。

でも、これまでこの仕事をつづけてこられたのは、A社のみな様のおかげという理由が大きいと思います。

セールスレディーって、どんな仕事？

保険の仕事は、簡単ではありません。

毎年、たくさんの方がセールスレディーとしてこの業界に入ってまいります。

でも、けっして楽をして稼げる簡単な仕事ではありません。つづく人ばかりではなく、やめていく人もかなりいらっしゃいます。

それでも、私がこんなに長く仕事をつづけてこられたのは、この仕事ならではの魅力があるからです。

セールスレディーは会社の正規職員であると同時に個人事業主でもあります。会社のサポートを受けつつも、自分でつねにお客様を開拓していかなくてはなりません。

でも、私の場合は、お酒やゴルフなどの接待でお客様と徹底的におつき合いするというわけにもまいりませんでした。

私のように、この仕事をするまで働いたことがなかったという女性もたくさんいます。

そのため、保険会社には、独り立ちできるようになるまでのサポートのシステムが用意されているのがふつうです。

会社によってそのシステムはさまざまです。

うちの会社には、新人が採用されると三ヶ月の基礎研修、そして二年にわたる研修期間が用意されています。

この間に、新人は保険の仕組みをしっかり勉強し、担当エリアを割り当てられ、先輩トレーナーについて実際の業務を学びます。

そうやって経験を積んで、やがて独り立ちするのです。

もちろん研修を受けたからといって、すぐに契約が取れるわけではありません。

一つも契約が取れないまま、研修期間が何ヶ月も過ぎていくのもふつうです。

でも、会社からは研修期間中は、契約が取れたか取れなかったかにかかわらず、保証された額の固定給が支給されます。

新人にとって、これはたいへんありがたいシステムです。

契約が取れるようになるには、どうしてもある程度の経験が必要です。

初めから完全歩合制だったら、ほとんどの人が挫折してしまうでしょう。

安定した固定給をもらいつつ、経験を重ね、契約が取れると、固定給に実績給が上乗せされます。

こうして徐々に慣れていくうちに、やがて約二年の研修期間が終わり、プロのセールスレディーとして自立する準備が整うと、お給料も変動性になります。

実績給の割合が増え、固定給の割合が減るのです。

契約をたくさんいただいた月はお給料も大幅に増えますが、いただけない月だってあります。そのため、契約をいただけなかったり、すぐに解約されてしまったりがつづくと、仕事をつづけていくことは厳しくなります。

この段階でやめてしまう人たちもたくさんいます。

逆に、契約が取れるようになると、面白くなってますます仕事にのめり込んでいく人もいます。

実績給が支払われるのは、契約が取れたときだけではありません。

うちの会社には、いただいた契約を長く継続させたり、お客様と毎年コンタクトをとることが評価ポイントになりますし、また、新人のセールスレディーをリクルートすると、それが業績としてお給料に反映されるというシステムがあります。

契約でも、新人のリクルートでも、優秀な成績を収めると表彰されます。

中でも、売り上げ、保険契約の継続率等の評価ポイントの総合点が上位五〇〇人までに入ると「グランプリ」と呼ばれる最高の賞をいただけます。全国の営業スタッフは五万人以上いるので、五〇〇人は上位一パーセントという狭き門です。

セールスレディーにとってグランプリをとることは最大の栄誉です。

じつは、私があまりやる気のなかったこの仕事をつづけようという気持ちになったのも、仕事を始めて三年目に実績を認められて「グランプリ」をとったことが大きなきっかけでした。

きっかけは偶然の縁から

私がこの世界に入ったきっかけはほんの偶然です。

セールスレディーとして何が何でもがんばっていこうという強い決意で、この業界に入ったわけではありません。

今からもう半世紀も前になりますが、息子が結婚してまもないころ、保険の仕事を始めた知り合いに頼まれて、私もおつき合いで保険に入ることにしたのです。

ある日、その知り合いと上司の方がいっしょに、わが家に見えました。

説明を受けながら、世間話などしていたのですが、その上司の方がたいへん礼儀正しく、人間的に魅力のある方でした。

それが私にはとても印象的でした。

今思えば失礼な話ですが、私はそのときまで保険の仕事に偏見を持っていました。

私だけでなく当時は、多かれ少なかれ保険の仕事には、みなさんどこか偏見を持っていたと思います。

その理由は、保険の外交員とは、戦争で夫を失った女性が生活のためにする仕事と見られていたからです。

実際、保険営業の仕事が広まった背景には、「戦争未亡人」の救済という意味もあったと言います。

社会的に大事なことではあっても、どこか「不幸な人」「落ちぶれた人」がする仕事というイメージがつきまとっていました。

ただし、こうしたイメージは日本だけで、保険業の本場のイギリスやアメリカでは、そんなことはまったくありませんでした。

それどころか保険の営業職はステータスの高い仕事と見られています。

しかし、当時の日本は、まだそこまで保険業の認識が高くありませんでした。

それどころか、「死や病気や怪我といった人の不幸を商売にして」と陰口をたたかれることもあったのです。

お恥ずかしいことに、私の中にもそうした偏見がありました。

けれども、わが家にお見えになった上司の方とお話しして、それがまったくのまちがいであったことに気づかされたのです。

でも、それで保険の仕事をするようになったわけではありません。

当時は保険に入ると、毎月担当の方が直接集金にいらっしゃいました。

ときにはお昼の弁当を持ってきてくださることもありました。

会うたびにいろんな話をしながら、私は保険の仕事について、少しずつ知るようになりました。

ときには、こちらから質問することもありました。

すると、担当の方が「もし、保険の仕事に興味があるなら、いっしょにやってみませんか？」とおっしゃったのです。

「私が？　保険の仕事を？」

考えてもいなかったことでした。

私には外で働いた経験さえなかったのですから。

それでも担当の方は「きっと面白いですよ。川上さんなら、きっとできます」と熱心に勧めてくださいます。

困ってしまいました。

これだけ熱心に誘ってくださるのだから、むげに断るのも失礼です。

「突然なので、少し考えさせてください。あらためてお返事させていただきます」

やっとのことで、そうお答えしました。

興味がなかったわけではありません。

でも、当時はまだ保険の仕事をしているというのは親戚にもひた隠しにするのが当たり前という時代でした。

それに私はその頃、息子の高校の同級生や卒業生の母親たちでつくっている二つの会の活動に参加していました。観劇に出かけたり、チャリティーイベントを開いたり、それなりに忙しく充実した毎日でした。

もし保険の仕事など始めたら、この活動もつづけられなくなるかもしれません。会に参加されている奥様の中には、家柄の良い方も多く、私が保険の仕事などしていると知ったら、いやがる方もいるかもしれません。

あれこれ考えた末、「やっぱり断ろう」と思って事務所に足を運びました。ところが、断るつもりで出かけたはずなのに、そこでも営業部長がじきじきに「ぜひ、やってみませんか」と勧めるのです。

事務所は明るい雰囲気で、スタッフも、みな良い人たちばかりでした。

「こんなに熱心に誘ってくださるのに申し訳ない」という気持ちがまた湧いてき

ました。

くわえて「こんな人たちといっしょに働けたら楽しいだろうな」と、ちらりと思ったのもたしかです。

これも縁なのかもしれない、と思いました。

あとでお話ししますが、私はそれまでの人生の中で、自分から積極的に何かを求めて動いたことはほとんどありませんでした。

手を伸ばして引き寄せようとすると、かえってそれは逃げていくのです。

その逆に、向こうから偶然やってきたものに、素直に従うと、結果的にうまくいくことのほうが多かった気がします。

思い通りにならないものを思い通りにしようとしてもたいてい、うまくいきません。

むしろ、自分の思いを手放して、ふとやってきた縁に乗ったほうが、予想外の運が飛び込んでくるように思います。

縁が運を呼ぶのです。

それまでの人生の中で、私はそんな経験をなんどかしていました。

もちろん、このときはそこまで考えていたわけではありません。

でも、熱心に誘ってくださる営業部長さんたちの顔を立てたいと思って、私は首をたてにふりました。

とはいえ、この先保険の世界でずっと生きていくつもりなど、まったくありませんでした。

内心、「半月だけやってやめよう」と考えていたのです。

五〇歳の新人、迷って悩んで

新人研修のとき、私は五〇歳。

新人というには歳をとりすぎていると思われるかもしれませんが、保険の世界では珍しいことではありません。

保険の世界では新人でも、ほかの仕事でキャリアを積んでいる方も少なくありません。

でも、私はちがいました。

外で働いたこともない世間知らずな奥さんでした。

この世界で足を踏ん張ってがんばろうという強い決意があったわけではありません。

熱心に声をかけてくださった方たちに恥をかかせるわけにはいかないというのと、期待に少しでも応えなくてはという、どちらかといえば腰の引けた理由でした。

でも、そんな消極的な取り組み方では結果が出るはずもありません。

新人セールスレディーにはまず一〇〇から二〇〇軒くらいのお客様のいるエリアを割り当てられます。

このエリアでの集金から仕事を始めるのですが、それをいくらつづけていても成績にはつながりません。

どんな仕事でもそうですが、営業でいちばん大事なのは新規開拓です。

つねに新しいお客様を開拓していかなくてはなりません。

でも、どうすれば良いのでしょうか？

トレーナーになってくださる先輩からアドバイスやヒントをもらうことはできます。

けれども、その通りにやったからといって、うまくいくわけではありません。

知らない人のお宅に飛び込んで、契約を取ってくるという方もいましたが、私にはとてもできませんでした。

頼れそうなあてがあるとしたら、息子の高校の同級生や卒業生の母親たちでつくっているK会とH会くらいしかありません。

でも「保険の仕事を始めました。協力してくださらないかしら」なんて言ったら、どうなることか。

白い目で見られるくらいならまだしも、ひょっとしたらおつき合いを断られるか、会にいられなくなるかもしれません。

私は悩みました。

K会もH会も、私にとっては特別な集まりでした。

息子が卒業した高校は生徒の親同士の結びつきが強く、K会もH会も子どもが卒業してからも、その縁を大切にして活動をつづけていきましょうということでつづいている会でした。

あまり外の世界と接する機会のない私には、これらの会は社会の窓のようなものでした。

フォーマルな集まりのときには着物を着なくてはならず、お金もかかるので、最初は参加をためらっていました。

しかし、主人が「そのくらいは教養費だと思えば良い」と言ってくれたので、かかわるようになったのです。

私は何かの活動に参加すると、一生懸命にならずにはいられない性分です。

細かい事務や連絡の仕事、チャリティーイベントの活動にもなるべく積極的に参加しました。

頼まれたわけでもないのに、手間のかかる仕事も率先して行いました。

人のために動くのが好きなのでしょう。

こうして会を通じて、たくさんの方たちと親しくなりました。

それでも、会のみなさんに保険のことで声をかけるのはためらわれました。

親しいからこそ、今までの関係がこわれてしまうのが怖かったのです。

でも、保険の成績はなかなか上がりません。

私に声をかけてくださった保険会社の方たちの期待に応えたい、一方で会には迷惑をかけたくない。

その二つの思いに引き裂かれていました。

気づいたらこの仕事を始めて二年。

私にもプロ意識のようなものが芽生えていました。

案ずるより産むが易し

迷った末、私は一つの決断をしました。

保険の仕事をしていることを会の仲間に正直に打ち明けよう。

もし、それで「あなたとはもうつき合いません」と言われたら、それは仕方がありません。

私はこの仕事にプライドを感じていました。

それを理解してもらえないのなら、おつき合いをやめよう。

そう決めたのです。

さっそく、ある会合のとき、私はK会の知り合いにこう切り出しました。

「じつはこんど保険の仕事を始めたんです」

まるで罪を告白するかのように、私は恐る恐る口にしました。

どんな顔をされるかと思って内心どきどきでした。

ところが相手の反応は思いもよらないものでした。

いやな顔をするでもなく、黙ってしまうでもありません。

「あらそうなの。それなら協力させていただくわ」

あっさりそう言ってくださり、すんなりと契約してくださったのです。

うれしい拍子抜けでした。

その後も会の方たちに声をかけると、ほとんどの人が「そうなの。それなら入らせていただくわ」と言って次々と契約してくださるのです。

案ずるより産むが易しとはこのことでした。


保険の仕事では、それまでの人生の中でつちかってきた人間関係がものを言う――。


今でこそ保険業界ではよく言われることです。

でも、当時の私はそのことをまったく知りませんでした。

私はK会で長いこと、地道な業務をやってきました。

よく思われたいからとか、権力を握りたいからとか、そういう気持ちはまったくなく、ただやることを淡々とやっていただけです。

そんな私の姿を、ちゃんと見てくれていたのでしょう。

「川上さんに勧められたら断れないわ」

そう言って、みなさんすんなりと入ってくれるのです。
なんてありがたいことでしょう。
おかげで、ますますこの仕事がやめられなくなりました。
契約してくださったお客様には責任があります。
それを放り出して勝手にやめるなどもってのほかです。
私は生来、責任感だけは強いたちです。
信じてくれたお客様たちを裏切るわけにはいきません。

偏見、転じて驚愕の展開へ

こうしてK会では、私の仕事をほとんどの方たちが応援してくれるようになりました。
このとき私が扱っていたのは貯蓄型の保険です。
貯蓄型の保険とは、保障と貯蓄が同時にできるというものです。

当時の保険商品の中では、たいへん人気がありました。

貯蓄型は将来の安心につながるとみなさんも理解してくださったのです。

それでも、お声がけした方たちの中で「おつき合いをやめたい」とおっしゃった方もいました。

初めから覚悟していたことだったので動揺はしませんでした。

私は「わかりました」と言って、その後、こちらからその方に連絡をとるのはやめました。

でも、その方を恨む気持ちはまったくありませんでした。

私だって初めは偏見があったのです。

もし、自分がこの仕事をしていなければ、今でも偏見を持ったままだったでしょう。

でも、今では、保険はお客様の将来の安心をお約束する大切な仕事なのだと感じています。

偏見をぶつけられても傷つくことはありませんでした。

それよりも、私を信頼してくださったお客様たちのためにも、途中で仕事を放り出すまいという思いでいっぱいでした。

それからしばらくしたある日のことです。

私に「もうつき合いをやめる」とおっしゃった方と、偶然顔を合わせました。

もちろん私からは声はかけませんでした。

ところが、その方は私に気がつくと、自分から私のほうへ近づいてこられたのです。

「こんにちは。お久しぶりですね」

おつき合いをやめると言っていたはずなのに、どうしてあいさつをしに来られたのでしょう。

私は戸惑いながら、あいさつを返しました。

「お久しぶりです」

「今どうなさっているの。まだ保険の仕事やっているの?」

「はい、やっています。やめられませんから」と私は答えました。

するとその方が思いがけないことを口にしました。

「そう、それなら協力してあげる」

「えっ・・・」

一瞬、言葉が出ませんでした。

「どういう保険があるの？　こんど説明に来てくださる？」

「はい・・・」

どういう風の吹き回しでしょう。

K会の方たちがたくさん契約しているのを聞かれたのか、保険が大事だと気がつかれたのか、わかりません。

いずれにしてもありがたいことです。

数日後にその方のお宅に伺い、契約させていただきました。

保険のことだけでなく、世間話や近況なども話すことができて、その方とも以前よりずっと打ち解けた間柄になりました。

Ｋ会のつながりで契約してくださることが増えて、私も仕事が楽しくなってきました。

それでも、まだＨ会の方には、自分がこの仕事をしているとは言えませんでした。

Ｈ会は宮様がお見えになることもある格式の高い会です。

今ならばともかく、当時は女性が働いているというだけでも偏見の目で見られてしまう時代でした。

ましてそれが保険の仕事だと知れたら、どう思われるかわかりません。

ところが、ふとしたことから、保険の仕事をしているということが、Ｈ会に知れてしまったのです。

私はあせりました。

それでも、私に仕事をやめる気はありませんでした。

そこで、Ｈ会のまとめ役の方に、自分からこう申し上げました。

「私が保険の仕事をしているのをお聞きになっているかと思います。もし、そのことでH会に迷惑がかかるようでしたら、会をやめさせてください」

私はてっきり「それならやめてください」と言われると思っていました。

しかし、ここでも予想は裏切られました。

その方は、意外そうな顔をしておっしゃったのです。

「なんでH会をやめるなんておっしゃるのですか。川上さんは保険の仕事をされているのでしょう。私たちで協力できることがあれば、お手伝いさせてください」

私はぽかんとして「ありがとうございます」と言いました。

驚愕の展開とはこのことでした。

それだけではありません。

その後のH会の集まりで、まとめ役の方は居並ぶ会員たちの前でこう言ってくださったのです。

「川上さんが日本生命に入ったそうです。みなさん協力してあげてくださいね」

細かいことはあまり気にしない私でも、格式の高いH会の方たちに保険の仕事のことを打ち明けるのはずっとためらっていました。

でも、それも取り越し苦労でした。

H会の会員の家族には会社や病院の経営者など、幅広い人脈のある方たちが、たくさんいらっしゃいました。

おかげで会の枠を超えて、いろんな方を紹介していただき、私の契約数は伸びていきました。

もちろん、紹介を待つばかりではなく、自分からも足しげくお客様のもとを訪れて、お客様の趣味や好みに気を配って話題作りをしたりして、自分なりに一生懸命サービスに努めていました。

壁の花では終わりたくない

その甲斐あって、この仕事を始めて三年目に、私は営業部でトップになり表彰されることになりました。

今では「グランプリ」と呼ばれている賞です。

「入社して三年でグランプリはすごいことだ」と上司は驚きました。

でも、私はぴんと来ませんでした。

グランプリが、セールスレディーにとってどれほど大きいことなのか知らなかったのです。

表彰式は京都のホテルで行われました。

それも泊まりがけです。

大広間にはずらりとテーブルが並んでいます。

前には社長をはじめとする会社の幹部が勢ぞろいしています。

式典はこれまで経験したこともないほど威厳にあふれたものでした。

私たち一人ひとりの名前が呼ばれ、壇上で厳粛な表彰式が行われ、その後は食事会が催されました。

正直なところ、これほど立派なもてなしをしてもらえるとは想像していませんでした。

中でも、いちばん驚いたのは、会社の幹部の方たちが、私たちのところにやってきて、ねぎらいと感謝の言葉をかけて、お酒を注いでまわってくれたことです。まだその頃は、ビールやお酒を注ぐのは女性の役目というのが当たり前の時代でした。

宴会でも男性は当然のようにコップを差し出し、女性がビール瓶を持ってお酌するのがごく普通の風景でした。

ところが、ここでは男性幹部の方たちが、私たちセールスレディー一人ひとりにお酌してまわっているのです。

こんな世界があるんだ！

それは私にとって途方もなく大きな衝撃でした。

働く女性は少しずつ増え始めていましたが、それでもまだ会社にとっては添え物のような地位でした。

「職場の花」という言葉があるように、女性は壁を飾る花のように、職場にうるおいをもたらしてくれさえすれば良い。

ほとんどの会社では、そう考えられていたのです。

それ以上の役割は女性には最初から期待されていませんでした。

しかし、グランプリをとって、そうではない世界があることを私は知りました。

会社のトップである社長が、私たちセールスレディー一人ひとりに頭を下げて、お酒を注いでくれるのです。

それは保険の仕事が女性によって支えられているからでした。

このとき私は「壁の花では終わりたくない」と思いました。

男性中心の仕事の世界で、壁の花として生きるばかりが女性の役割ではない。堂々と職場の中心に咲き誇ることだってできるんだ。

グランプリをとったことで、私はそういう生き方をめざそうと決心しました。


壁の花で終わらないためには、目標が必要です。

すると、願ってもいない目標が見つかりました。

日本生命では、三〇回連続してグランプリをとると、殿堂入りといって、肖像写真が会社の研修所に飾られることになっていました。

もちろん、三〇回連続グランプリをとるなんて、途方もないことのように思えます。

グランプリを一回とるだけだって、たいへんなことなのですから。

でも、目標や夢は大きければ大きいほど励みになります。

それに向けて努力していれば、たとえ目標はかなわなくても、努力のしがいがあるというものです。

現実的に考えて、三〇回連続ということは、あと三〇年はこの仕事をつづけなければならないということです。

その頃には、私は八〇歳を超えてしまいます。

気が遠くなりそうでしたが、自分の目の前に光の道が遠くまで延びているかのような気がして、わくわくしました。

日本の景気が右肩上がりの時期でした。

保険が必要だという意識もだんだん定着しつつありました。

すでにアメリカでは年収の一割を保険に充てるのがふつうになっていました。会社や家族を守るために保険に入るのは常識ある社会人として当然のことだとみなが考えるようになりつつあったのです。

壁の花ではなく、職場の真ん中に咲き誇る大輪の花をめざそう。
まずは、次回もグランプリをとれるようにがんばろう。
それができたら、その次にまたグランプリをめざそう。
そうやって毎日の仕事をこつこつと淡々とこなしていけば良い。
結果は考えず、今できることに全力で取り組もう。
そう考えると、体の中から力がふつふつと湧いてくるような気がしました。

ニッセイ明大前支店・松本健営業部長のサポートを受けながら営業

二章

私の営業手法

こちらがリラックスすれば、お客様もリラックスする

営業は奥の深い仕事です。

本屋さんへ行けば、営業のノウハウを説いた本はいくらでもあります。

どんな会社でも営業にあたっての心がけをくりかえし、たたきこまれます。

でも、どれだけ営業についての知識を身につけたところで、営業の成績が上がるようになるとはかぎりません。

人それぞれ、自分に合った営業のスタイルを、試行錯誤しながら見つけていくしかないのだと思います。

私もそうでした。

私はこの仕事を始めるまで、働いた経験がなかったので、初めは本当に手探り状態でした。

私にあったものといえば、K会やH会での活動でつちかった経験くらいです。

それは目の前にあることに誠実に一生懸命に向き合うという、あまりにも単純なことでした。

でも、その単純なことが、だれにでもできるわけではないと知ったのも、この仕事を始めてからでした。

誠実で一生懸命であるとは、我慢することではありません。

営業ではよく「お客様第一」と言いますが、それは、お客様のために自分が我慢することではないのです。

自分が我慢したり、緊張していることがお客様に伝わったら、お客様だってリラックスできません。

こちらがゆったりとリラックスしていなければ、お客様だって心を開いてくれません。

もちろんお客様への敬意や礼儀は欠かしてはなりません。

でも、大事なことは、お客様も、自分も、ともにリラックスできるような場をつくりだすことです。

そうすれば、お客様も心を開いて、保険の契約以外のこともいろいろ話してくれるようになります。

それが次の縁につながっていくのです。

ふだんの人間関係でも同じことが言えるのではないでしょうか。

お客様との時間を大切にする

具体的にお話ししましょう。

先ほども申し上げたように、私が仕事を始めた頃は、契約が成立すると毎月お客様のところへ集金に伺うことになっていました。

お客様は一人ではありません。

大勢のお客様を抱えるセールスレディーであれば、毎日、あちこち、ちがうお客様のところへ足を運びます。

私もそうでした。

行き先は会社のときもあれば、ご自宅のときもあります。

集金といっても、ただお金をいただいて帰るだけではありません。

ご自宅の縁側にすわって、お客様と世間話をすることもあります。

ときには、ご家庭の悩みを相談されることもあります。

私も、嫁姑の折り合いのことや、お子さんの教育のことや結婚のことなどについて、さまざまな話を伺いました。

そんなプライベートなことを打ち明けてもらえるのは、セールスレディーという立場の特権かもしれません。

家族同士では距離が近すぎてなかなか話せない。

職場では利害関係があって、個人的なことは話しづらい。

そうやってストレスや悩みを抱えているところに、利害関係もあまりなく、しかも部外者で、女性であるセールスレディーがやってくると、気安さから、いろんな話をしたくなるのかもしれません。

私はそんなお客様の話を聞くのが好きでした。

「それはたいへんでしょうね」とか「きっとうまくいきますよ」などと言いながら、ときには自分の経験を語ったりしました。

子どもの話題であれば、自分の子育ての経験などをお話しすることもありました。

不思議なことに、そうやってとりとめのないことをお話ししているだけで、お客様は何となく肩の荷が下りて、楽になられるようでした。

そしてまた翌月にお客様のもとを訪ねると、「いやあ、じつはあれからまた、いろいろあってね」と前の話のつづきを聞かせてもらうこともありました。

そんなふうに毎月通っているうちに、互いの気心も知れてきます。

そのうちに、お客様のほうから、「この方に連絡してみなさい」とお客様をご紹介いただいたことも少なくありません。

営業ですから、お客様を紹介していただくのはありがたいことです。

契約がほしいのは本音です。

ただ、そのために露骨にお客様に媚びを売るようなことは、けっしてしませんでした。

そんなことをすれば、かえって避けられてしまいます。

「ほしい、ほしい」という態度があからさまであればあるほど、人は逃げていくものです。

契約がほしいという気持ちはありながらも、それは置いておいて、お客様とお話ししている時間を大切にすること。

信頼が深まる時間を楽しむこと。

そういう時間を重ねていくうちに、契約という果実が自然と実るようになる。

私はそんなふうに感じています。

営業は、お客様の情報をどれだけ集められるかにかかっている

お客様との信頼を育てていくこと。

それはこの仕事をつづけていくうえで何より大事なことです。

そのために、私はお客様とお話をする時間を大切にしてきました。

その一方で、営業のプロとして情報収集も怠りませんでした。

営業という仕事はお客様の情報をどれだけ集められるかにかかっていると言っても過言ではありません。

お客様から伺う話だけが情報ではありません。

ご自宅を訪ねれば、玄関先からすでに情報の宝庫です。

どんな靴が何足並んでいるか。

どんなものが飾られているか。

それだけで家族構成を想像することができます。

もし、お花が生けてあれば、「どなたがお花をやっていらっしゃるのですか」と聞くことができます。

ゴルフバッグが置いてあれば、「どなたがゴルフをなさるんですか」という話題につながります。

庭に洗濯物が干してあれば、お子さんのものがあるか、男物があるかなどの家族情報がチェックできます。

そんなふうに注意深く観察をしながら、話題になりそうなきっかけを探すのです。

楽しいからと言って、会話することだけに夢中になっていてはいけません。言葉のキャッチボールをしながら、家族の情報、ほかの会社との契約があるのかどうかなどの情報を集めていくのです。

『チコちゃんに叱られる』のチコちゃんの台詞ではありませんが、お客様とお会いしているとき、「ボーッと」していてはダメなんです。信頼関係を深めるきっかけをつかむために、お客様の趣味、食べ物の好み、好きな俳優やテレビ番組、購読している新聞、そのほかお客様が関心のありそうなあらゆる情報を集めます。

お会いした時に保険の話だけではなく、相談相手としてもおつき合いしやすいなと思っていただくためです。そのための努力は惜しみません。もちろん押しつけがましくなってはいけません。相手に気をつかわせるのが一番やってはいけないことなのです。

ただ、そういうお客様との関係も時代とともにだんだん変わってきました。

昔は毎月の集金のときに縁側でお話ししたり、ときには家に上げてもらったりすることもありました。

会社を訪問するときは、部署の机のすぐそばで話をすることもできました。のんびりした時代だったこともあるでしょうが、人と人との関係がとてもあたたかかった気がします。

今では、保険料の支払いが銀行の自動引き落としになって、お客様の家を訪ねる機会も少なくなり、会社もセキュリティが厳しくなって社内に入るのがむずかしくなっています。

以前のように、親しくお客様と接する機会はずいぶん減りました。

届け物をしても当たり前だと思われるようになりました。

寂しい気もいたしますが、それが時代の変化というものなのでしょう。

それでも変わらないものもあります。

それはこれまでにつくり上げた信頼関係です。

信頼は草や木のようなもので、水や光を絶やさなければ育ちつづけます。

半世紀近くこの仕事をつづけていますと、初めのうちに契約したお客様が亡くなられたり、子どもの代になったり、さらには孫の代になったりということも出てまいります。

それでも、いまだにおつき合いがつづいているのは、昔からの信頼関係を大事に育ててきたからだと思っています。

世の中は変化しますし、先のことはわかりません。

だからこそ、今、目の前にいるお客様との関係を大事にすることに力を惜しんではならないのだと思います。

人脈は「つくる」のではなく「できあがる」もの

すでに申し上げましたが、保険の仕事では、それまでの人生の中でつちかってきた人間関係がものを言うと言われています。

私の場合、五十歳という遅い年齢からこの仕事を始めたにもかかわらず、成績を伸ばすことができたのは、K会やH会とのつながりのおかげでした。

地道にエリアを回って営業をつづけていても、それなりに成績を上げることはできたかもしれません。

でも、グランプリを三〇回連続でとりつづけることはできなかったでしょう。

それを人は「人脈」の力と呼ぶかもしれません。

どのような人脈があるかが、営業の成否を左右する。

それは保険だけではなく、どんな仕事でも言われていることです。

それならば、人脈があれば、仕事はうまくいくのでしょうか。

私はそうは思いません。

世間ではよく「人脈づくり」が重要だ、などという言い方をします。

「人脈のつくり方」といったセミナーなどもあると言います。

しかし、私自身は人脈を「つくった」つもりはまったくありません。

私にとって、人脈とは「つくる」ものではないからです。

それは、日々の積み重ねの中で、結果的に「できあがる」ものなのだと思います。

人脈とはつくろうと思って、つくれるものではありません。

人生が思い通りにならないように、他人も思い通りにはなりません。

思い通りにならない他人を思い通りにしようとしても、こじれるだけです。

人脈を、自分の都合に合わせて動いてくれる他人を増やすことだと考えているとしたら、それは大きなまちがいです。

人は、自分がその気になったときにしか動きません。

友人や知り合いが多いからといって、その方たちがいつも助けてくれるわけではありません。


では、人脈はどのようにしてできあがっていくのでしょうか。

それはたとえばイソップ物語に出てくる『北風と太陽』のようなものかもしれません。

北風が、旅人のコートを吹き飛ばそうとして、強く吹けば吹くほど、旅人は必死でコートを押さえます。

でも、太陽がぽかぽかと暖かく照りつけたら、旅人は自分からすすんでコートを脱いだという話です。

人脈づくりも、このお話と似たところがあると思います。

人とつながろうとして、相手に強引につめよっていけば、かえって相手は引いてしまいます。

しかし、ふだんからまわりのことを考えて、誠実に、正直に生きていれば、相手のほうから、「ああ、この人は信用できる」と思ってもらえるものです。

そうやって、自然につながっていくのが人脈なのではないでしょうか。

K会やH会での活動は、人脈づくりのためにしていたわけではありません。

そもそも、その頃は保険の仕事をするなんて想像もしていませんでした。

ただ、自分にできることを一生懸命していただけです。

見返りを求めていたわけでも、だれかに命じられてやっていたわけでもありません。

ただ、みなさんのお役に立てることが楽しかったのです。

それが保険の仕事を始めたときに、偶然つながってきたのでした。

まさに縁が運を運んできてくれたということなのだと思います。

目標は大きくても、今日の一歩は小さくて良い

私は日頃から若い同僚たち——といっても、全員私より若いのですが——に、「目標を持ちなさい」と言っています。

目標はなんでもかまいません。

「家を買う」でも、「別荘を手に入れる」でも、「車を買う」でも、「旅行に行く」でも、良いでしょう。

そのためにはどのくらいのお金が必要なのか。

それを稼ぎ出すためには、どのくらいの契約をとれば良いのか。

いつまでに、それを達成するか。

そのためには、今日何をすれば良いか。

目標を持つことによって、具体的に自分がやらなくてはならないことが見えてきます。

どんなに大きな目標であっても、小さく分けていけば、今日しなくてはならない具体的な行動が見えてきます。

「千里の道も一歩から」と言いますよね。

千里先のゴールのことを想像しているだけでは、「自分にはとても無理だ」という気持ちになってしまうでしょう。

しかし、目の前の一歩を踏み出すことなら、楽にできるはずです。

今日は五十メートルだけ進もうと思って、五十メートルだけ進む。

翌日もまた五十メートル。

疲れてしまったら、十メートルでもかまいません。

こつこつと毎日、小さな歩みを進めているうちに、気がつけば十里、百里、千里になっている。

それが人生です。

今の若い人たちは最初からあきらめてしまう人が多い気がします。

大きな夢を持つことにためらいを感じているように見えます。

自分にはとてもそんなことはできない――最初からそう思い込んでしまって、歩くのをやめてしまう。

私より体力もあって、頭も良い、若い人たちが、そうやって自分から夢をあきらめてしまうのを見るのは、とてももったいない気がします。

どんな夢であっても、そこに一歩近づくために、今日できることは見つけられるものです。

人生に挫折はつきものですから、そのときは休めば良いのです。

休むのは、体力や気力を回復してまた歩き出すためです。

九八歳になった今でも、私はそう考えています。

仕事をやめたいと思ったとき

「仕事をやめたい」と思ったことは、なんどもあります。病気で入院したことが二回あって、そのときはさすがにもうつづけられないかな、と思いました。

でも、会社の人たちに引き止められて、再開することができました。

ちなみに、最近も体調が変わってきたと感じています。

以前は焼き肉が好きでよく食べていたのですが、最近はそれほど食べたいと思いません。

お刺身やお寿司のほうがおいしくいただけます。

でも、医者にそんな話をすると「川上さん、ご自分がおいくつだか、わかっていらっしゃいますか？」と笑われます。

でも、本当に仕事をやめようと思ったのは、コンピューターが導入されたときです。

お客様のデータや契約内容をセールスレディー自身がコンピューターに入力しなくてはならなくなったのです。

私はそのとき七〇代でした。

その歳で、これまでさわったこともない機械を覚えるなんて、とても無理だと思いました。

私は当時の営業部長に「コンピューターなんて無理です。どうしてもやらなくてはならないというのなら、やめさせてください」と言いました。

「それなら仕方がないですね。長いことお疲れさまでした」そう言われるだろうと予想していました。

ところが、営業部長は「オレがついているのに何言っているんだ」と言ったんです。

それだけでなく、まわりの同僚たちに、「川上は機械が使えないから手伝ってやってくれ」と言ってくれたのです。

営業部長の思いやりに、私は強く心を動かされました。

そのおかげで、それから二〇年以上たった今でも、こうして仕事をつづけていられるのです。

今、私は同僚たちと同じように、自分のタブレット型端末を持っています。

あいかわらず使い方はよくわかりません。

それでも同僚たちが親切にサポートしてくれます。

おそらく、ふつうの会社であれば、コンピューターが使えないとなったら、とても雇ってはもらえないでしょう。

でも、私の職場のすばらしいところは、そんな私を同僚たちが助けてくださることです。

同僚といっても、みな基本的には自営業者です。

その同僚たちが、大切な自分の時間を私のために割いてくださることには感謝しかありません。

私もまた、同僚たちや、私を雇いつづけてくれている会社に貢献するために何ができるだろうと、いつも考えます。

私は一人では何もできません。

そんな私が同僚たちに伝えられるものは何でしょうか。

おそらく、それは経験です。

若い人からはコンピューターの知識をいただき、私が経験を伝えるのです。

そんなふうに互いに支え合うことができれば、私のような歳でも、社会の役に立つことができると思います。

それは私にとって大きな励みです。

支え合いの文化に支えられて

私がニッセイという会社をすばらしいと思うのは、このような支え合いの文化が生きていることです。

たとえば、それぞれの事務所には営業部長がおります。

本社からの生え抜きが営業部長として各事務所に派遣されてくるのです。

といっても、だいたい三〇代くらいの若い方がほとんどです。

みなさん、とても優秀です。

それでも三〇歳そこそこで、三〇人から四〇人の営業スタッフを率いていかなくてはならないのです。

ほとんどのスタッフは自分より年上の女性です。

その苦労は並大抵ではないでしょう。

営業部長の任期はおよそ三年です。

その間に事務所が良い成績を上げられれば、営業部長は三年後栄転できます。

営業部長にとって、各事務所は通過点です。

つまり、年下の営業部長の将来は、私たちセールスレディーの活躍にかかっているとも言えます。

だとしたら、私たちががんばらないわけにはいきません。

営業部長を男にして栄転させるのです。

そのために事務所のセールスレディーたちが一丸となって営業部長をサポートします。

私たちの会社には、伝統的にそういう文化があります。

それが職場の一体感につながっていた気がします。

私もまた、そうした支え合いの文化に支えられてきました。

今は以前より、そうした一体感は薄れてきたかもしれません。

それでも、私が今でも仕事をつづけられているのは、この支え合いの文化が現在もなお失われていないからだと思います。

ネットの時代に、セールスレディーが求められるわけ

少し話はそれますが、この本を読んでくださっているみなさんの中には、インターネットで保険に入られたことのある方もいらっしゃるかと思います。

たしかに、旅行保険や自動車保険などは、今ではインターネットで簡単に契約

できますし、そのほうが簡単かもしれません。

それなのに、どうして今でも保険の世界に、大勢のセールスレディーがいるのか、不思議に思われるかもしれません。

そのわけをお話ししておきたいと思います。

ニッセイの場合、生命保険ということもありますが、ネットでの販売はやっていません。

つまり、すべてセールスレディーのような営業スタッフを通した対面による販売です。

ほかの保険会社では、事情はちがうと思います。それでも、今でも業界全体で、インターネットで保険を契約する割合はほんの数パーセントと言われています。

どうしてそうなのでしょう。

ためしに、インターネットで保険の契約について調べてみてください。

おそらく、保険の仕組みにくわしくないお客様には、インターネットの説明だけでは、どの商品が自分に合っているのか判断するのはむずかしいと思います。

がん保険と言っても、さまざまな種類がありますし、次々と新しい商品も登場します。

価格が安いからお得というわけでもありません。

旅行保険や自動車保険ならまだしも、生命保険や医療保険に契約事項をよく読まずにネットで入り、あとで保障内容をかんちがいしていたことに気づくという残念なケースもあります。

そこはやはり経験豊富なプロのセールスレディーを通してくださったほうが安心できると思います。

今、目の前にある縁を大事にする

ビジネスの世界では、よく「こうすれば、こうなります」というノウハウが説かれます。

こういうメモのとり方をすれば仕事で成功できるとか、こういう投資の仕方をすればお金がたまる、といったことです。

本屋さんに行くと、そんな本がたくさん出ています。

成功するためのセミナーもたくさん開かれていると聞きます。

たしかに、そういうやり方でうまくいく人もいるのかもしれません。

しかし、私の考えは少しちがいます。

世の中には「こうすれば、こうなる」と確実に言えるものなどありません。

もろちん「こうすれば良い」と言われたことをやって、成功する人もたしかにいるでしょう。

その一方で、うまくいかない人もかならずいるんです。

種をまいたからといって、すべての種が花や実をつけるわけではありません。

かならず花を咲かせたり、大きな実ができる種だけを選んでまくことは、なかなかできません。

それでも、はっきり言えることが一つあります。

それは、今、目の前にある縁を大事にし、誠実にふるまっていれば、将来何か思いがけない形で運がやってくるということです。

それは初めに思い描いていた目標とはちがうかもしれません。

菊の花を育てていたつもりなのに、咲いたのはバラだった――そんな予想外なことかもしれません。

目標を決めて、それをめざすことはすばらしいことです。

すでに申し上げたように、私も同僚たちに口を酸っぱくして「目標を持ちなさい」と言っています。

それでも、ときには目標としていたこととは、まるでちがうことが起きてしまうのが人生です。

私が保険の仕事を始めたのも、それで三〇年連続でグランプリをとれたことも、そして九五歳を過ぎた今もまだ仕事をつづけていることも、まったく予想していなかったことです。

「縁」というものは人間の知恵では計り知れないと、つくづく思います。

でも、だからこそ人生は面白いのです。

この本の読者のみなさんは、きっと私より若い人たちがほとんどでしょう。
ですから、その若い読者のみなさんに、もういちど言います。
今、目の前にある「縁」を大事にしてください。
そうすれば、かならず思いもよらない運が、贈り物のようにやってきます。
それが一〇〇年近く生きてきた私の実感です。

オフィスで若い同僚と意見交換

三章

思い通りにならないのが人生

平和だった少女時代、戦時下の娘時代

保険の仕事では、それまでにどのような人間関係を育ててきたかが物を言うと申し上げました。

しかし、人間関係だけではなく、それまでに送ってきた人生も無縁ではないような気がしています。

そこで、私が保険の仕事にたどりつくまでの人生の縁についてお話ししたいと思います。

私がこの仕事を始めた頃、保険の営業は落ちぶれた人がする仕事だと世間には思われていました。

それは保険が、もともと戦争未亡人の仕事だったからだと申し上げました。

戦後の日本には、戦争で夫を失った妻がたくさんいました。

じつは、私もその一人でした。

幸い、私は実家の世話になることができ、その後、再婚したので、自活していくために保険の仕事を始めたわけではありません。

それでも、戦争という理不尽な出来事のせいで未亡人になり、運命に翻弄されたことには変わりありません。


私は岐阜県の笠松という小さな町で生まれ、そこで育ちました。

変化の乏しい片田舎で、私は五人兄弟の長女として、地味ながらも、平和な少女時代を送りました。

町なかではありましたが、少し歩けば田んぼが広がっているような、のどかなところでした。

家は自営業で、織物をつくっていました。

父はほとんど家におらず、母はいつも忙しく立ち働いていました。

長女の私は、学校から帰ると妹や弟の子守をさせられました。

帰るのが少しでも遅くなると、母に叱られたものです。

今思い出しても、手伝いをしていた記憶ばかりが浮かんできます。たまに時間があったときは、女の子同士でおはじきや、あやとりをして遊びました。

田舎でしたので、娯楽とよべるものもほとんどありませんでしたが、桜の季節のお祭りは、何よりの楽しみでした。

その日、おおぜいの人にかつがれた御神輿が家の前を通ります。それを家族で見送るとき、どきどきしたものです。

けれども、そんな穏やかな日々は、長くはつづきませんでした。

私が娘時代を迎える頃には、日本は戦争への道を歩みだしていたのです。

男の人たちは召集されて、ほとんどいなくなりました。

食べるものもなくなって、お菓子屋へ行ってもお菓子もありません。しかたなく私たちは煮干しをおやつにしていました。

そして、とうとう戦争が始まりました。

といっても、その日からいきなり鉄砲の弾が飛んでくるわけではありません。

ただ、男の人のいなくなった町はがらんとして不気味なほど静まり返っていました。

そんなある日、私はお見合いをすることになりました。

恋愛結婚はまだめずらしく、年頃になった娘はお見合いで結婚するものでした。

何でも、相手の方は、私がお稽古ごとに通っている姿を見て興味を持たれたのだとか。

とはいっても、私はお見合いの当日まで、相手の方にはいちども会いませんでした。

昔はそんなものだったのです。

こうして私は結婚することになりました。

戦争が始まった翌年のことで、私は二三歳でした。

離れ離れの新婚生活

結婚相手は技術屋の方でした。

各務原の飛行機製作所に勤めておられるとのことでした。

背が高く、私より七つ年上でした。

戦争が始まって、ほとんどの男の人は召集されていたのですが、なぜか、その方には召集令状が来ていなかったのです。

技術屋だから召集されないのだろう。

まわりの人たちは、そう言っていました。

私もそれを聞いて安心して、結婚することにしました。

各務原の近くに一軒家も借りました。

ところが、いっしょに暮らし始めて一週間くらいたったある日のことでした。

主人に召集令状が届いたのです。

私はびっくり仰天。

結婚してまだ一週間、といっても、式のあとも用事をすますために実家に帰ったりしていたので、いっしょにいられたのはほんの二、三日。

ようやく落ち着きかけたと思った矢先の召集令状でした。

私はおろおろするしかありませんでした。

まさか技術屋が引っぱられることはないと、まわりの人たちは言っていたので、私もすっかりそう思いこんでいました。

頭の中が真っ白で、何も考えられません。

どうしたら良いのかわからず、途方に暮れるしかありませんでした。

とはいえ、召集令状が来たからには、もうどうしようもありません。

主人はまもなく軍の施設に移りました。

それから外地へ送られるまで、週に二回ほど面会がゆるされました。

とはいうものの、お互いのことはほとんど知りません。

結婚はしたものの、ゆっくり話すような時間はまるでなかったのですから。

面会のときも、そんなに話すことはありませんでした。

気がつけば戦争未亡人に

現実感がまったくないまま、時間だけが過ぎていきました。

まもなく主人は満州へ送られました。

満州がどんなところか、私は知りませんでした。

戦争をしていると言っても、私が住んでいたところは静かで、鉄砲の弾が飛んできたり、爆撃されたりということもありませんでした。

新聞やラジオを通じて激しい戦闘が繰り広げられているらしいことは伝わってきましたが、日々の生活の中であまり実感はありませんでした。

私は満州の夫に宛てて毎日手紙を書きました。

「よく毎日書くことがあるね」と、まわりの人たちは笑っていました。

たしかに、相手の趣味も知らなければ、共通の話題もありません。

しかも、検閲があるので、こみいったことは書けません。

今思えば、自分でもよく書くことがあったと思います。

何を書いていたのか、もう今では覚えていませんが、おそらく、その日その日にあったことを日記のように記して送っていたのだと思います。

たまに返事が来ることがありました。

「元気でやっている」というような、あたりさわりのない返事だったと思います。

満州からの手紙も検閲されるので、簡単なことしか書けないのでしょう。

しかし、たとえ短い返事でも、主人が私の手紙を楽しみにしていることは伝わってきました。

いっしょに暮らしたのはほんの数日でした。

だからこそ、毎日の手紙のやりとりを通じて、夫婦の会話をしていたのだと思います。

いつか主人が帰ってきたら、そのときは夫婦らしい会話ができるような気もしました。

そんな日々が一年ばかりつづきました。

しばらく返事がないなと思っていたある日、軍から一通の手紙が来ました。

主人が満州で戦死したという知らせでした。

籍を抜いて実家へ戻る

主人が死んだ――。

とはいっても、私に実感はありませんでした。

結婚してすぐに離れ離れになり、私は一人で暮らしてきました。

主人は家にいないのが当たり前でした。

一人ぼっちの暮らしにも慣れていました。

それなのに、主人が死んだと知って、私は自分が一人ではなかったのだと気づきました。

毎日、満州の主人に手紙を書きながら、私はこの家で主人といっしょに暮らしていたのだなと、そのとき初めて気づいたのでした。

しかし、今自分は本当に一人になったと感じていました。

寂しいとか、悲しいというのとはちょっとちがいました。

むしろ、怖いという思いでした。

家の中は何も変わっていません。

それなのに、主人が亡くなったと知った今、家はよそよそしく、恐ろしいところに変わってしまいました。

がらんとした一軒家に一人でいると、怖くてたまらなくなるのです。

私は寝室以外の部屋には入れなくなりました。

ちょうどその頃、名古屋への空襲も始まっていました。

夜、名古屋のほうの空が火事で赤く燃え上がっているのが見えました。

私は怖くてたまらず、妹に来てもらいました。

それでも不安は収まりません。

耐えられなくなった私は、荷物を家に残したまま実家へ帰りました。

父は黙って私を迎えてくれました。

両親のやさしさが身にしみました。

それでも不安はありました。

主人が戦死したとはいえ、私はすでに嫁に行った身です。

いずれ、またあの家に戻らなくてはなりません。

そのことを思うと気持ちが重くふさぎこんできました。

ところが、父は思いがけないことを言いました。

「このままではお前が苦しむだけだから、もうあっちに帰らなくて良い。ここにいなさい。籍も抜いて、遺族年金も放棄しなさい」

父は私にそう言ったのです。

これは当時としてはとても珍しいことでした。

戦争で主人が亡くなった妻には遺族年金が出ます。

その遺族年金で残された妻は生活をしていくのです。

ですから、遺族年金を放棄する人などほとんどいませんでした。

しかし、結婚したとはいえ、私はほとんどいっしょに暮らしていません。

主人のことさえほとんど知らないのです。

まして主人の親戚の人たちのことなど、まったくわかりません。

当時の結婚は、夫の家に入るということです。

でも、その夫の家で、ただ一人自分のことをかろうじて知っていた主人がもういないのです。

ほとんど他人と言って良い人たちと、家族としていっしょにやっていく自信は私にはありませんでした。

それに「遺族年金はいさかいの元になりかねない。そんなのに巻き込まれたら厄介なことになる。そんなお金はもらわないほうが良い」と父は言いました。

その父の言葉にしたがって、私は籍を抜き、実家に戻ったのです。

投げ出さなければ、何とかなる

人生には、何が起きるかわかりません。

ほんの数年前まで、何も知らない小娘だった私が、いつの間にやら戦争未亡人なのですから。

父のおかげで実家に戻ってこられたものの、戦時中とあって生活はたいへんでした。

家では織物の生産をしておりましたが、戦時中の仕事はもっぱら軍服づくりでした。

しかし、織物の原材料も配給制でしたから、経営もままなりません。

子どものときと同じように、私は母の手伝いをしていました。

母は家事だけではなく織物工場の切り盛りをしたり、そこで働く人たちに指示を与えたり、あいかわらず朝から晩までせわしなく立ち働いていました。

経営者は父でしたが、父は織物の仕事よりも、人の相談に乗るためにどこかに出かけていることのほうが多かった気がします。

父は、人に何かを頼まれるといやとは言えない性格でした。

人望もあり、相手のために親身になって考えられる人でした。

そんな父を頼って、町の大勢の人たちが、父に悩みごとや困りごとを相談しにきました。

そんなとき父は仕事も放りだして、相談に乗っていました。

人助けのために、あちこち奔走することもしょっちゅうでした。

私にも細かいことはほとんど言わない父でしたが、何か困ったことがあると、「こうしたほうが良い」と、的確なアドバイスをくれました。

夫を亡くして途方に暮れていたとき、「籍を抜いて戻ってこい」と言ってくれたように、父は他人の立場に立って考えることのできる人でした。

今思えば、私はそんな父の影響を受けたような気がします。

父は何があっても落ち着いている人でした。

怒ったり、苛立ったりしている父を私は見たことがありません。

思い通りにならないときでも、父はかんしゃくを起こすことはありませんでした。

厄介なもめごとに巻き込まれても、「今できるいちばん良いことは何か」とつねに考えていました。

そんな父を頼って、困っている人たちがたくさんやってきました。

父に相談にやってくる人たちの多くは、自分一人では何をどうすれば良いのかわからなくなって、混乱していました。

けれども、父との話を終えて帰られるときには、みな、どこか晴れ晴れとした様子なのです。

私は父がどんなふうに相談に乗っていたのか知りません。

きっと、父と話しているうちに、何か気持ちがほぐれるのでしょう。

どんなにたいへんなときでも、投げ出してしまわなければ、できることはかならずある。

私も夫を失って途方に暮れていたとき、父からそのことを教えられた気がします。

どうなるかわからない人生を受け入れる

やがて戦争が終わりました。

幸いなことに、実家では亡くなった者はいませんでした。

私も籍を抜いて実家に戻ったものの、両親がおおらかだったので、肩身の狭い思いはせずにすみました。

ただ、物資は不足していました。

私は洋裁を習っていたので、自分の服、それに母や妹の服もつくりました。

これは家族にたいへん重宝されました。

だれかの役に立てるということは幸せです。

もっとじょうずに洋裁ができるようになるために、妹と二人で学校にも通いました。

けれども裁縫学校に通うのには、もう一つの楽しみもありました。

学校の帰りにソシアルダンスの教室にもこっそり通っていたのです。

戦後間もない頃で、だれもが娯楽に飢えていました。

私も戦争中はとてもできなかったダンスを習いたかったのです。

タンゴやワルツをレコードに合わせて踊ることほど楽しいことはありませんでした。


思いかえしてみれば、子どもの頃はお手伝いばかり。

結婚したと思ったら夫はすぐに戦死、実家に戻ってからは、また家の手伝い。

自分のための時間はほとんどありませんでした。

もちろん、当時はそういう時代でした。

だれもが、その日その日の暮らしに精一杯でした。

それでも、妹とダンスを踊っていると、「ああ、戦争は終わったんだ」という思いとともに、生きていることの強い喜びが、胸にこみ上げてくるのを抑えられませんでした。

世間から見れば、私は結婚してすぐに夫を失って出戻った不幸な戦争未亡人に見えたかもしれません。

しかし、戦争未亡人といっても、いろんな方がいます。

夫だけでなく空襲で家族をほとんど失ってしまった人もいました。

夫の生死のわからぬまま、帰りを待ちつづけている人もいました。

それにくらべれば、私は恵まれていました。

両親のおかげで、後ろめたさや気後れを感じることもなく、戦後の貧しい時代ではありましたが、平和に生きられる喜びを実感していました。

これから自分の人生がどうなるのかは想像がつきません。

想像したところで、どうにもなりません。

どうなるかわからない運命を受け入れていくことが人生なのかもしれない。

ダンス教室のフロアで妹と踊りながら、私はそんなことを感じていました。

再婚の決め手は学歴だった⁉

家の手伝いをしたり習いごとをしたりして終戦から数年が過ぎたころ、私に再婚の話が持ち上がりました。

お相手は八歳年上。

通信社の記者で、名古屋で働いているとのこと。

数年前に奥さんを病気で亡くされ、五歳になる男の子がいらっしゃるそうです。

今は、おばあさまがいっしょに住んでいて、子どもの面倒を見てくれているそうです。

ただ、そのおばあさまは読み書きができません。

同僚の記者たちは、「これからお子さんが小学校に上がるというのにそれでは困る」と心配していたそうです。

あるとき、名古屋の新聞記者ばかりが集まるスナックで、その話が出たそうです。

そこは私の従姉が経営しているスナックでした。

「だれか良い人いないかな？」

新聞記者たちの話を聞いて、従姉はぴんときたそうです。

「私の親戚に戦争未亡人がいるわ。きっとぴったりだと思う」

そうやって私のところに話が来たのでした。

たしかに私は世間でいうところの戦争未亡人でした。

でも、主人と過ごした時間があまりにも短かったため、「未亡人」という言葉はぴんときませんでした。

未亡人とはいえ、家の手伝いをしたり、お稽古ごとをしたり、ソシアルダンスを習ったりしていたので、それなりに楽しい日々でした。

そのとき私は二八歳。

しかし、最初の結婚が突然幕を閉じたこともあって、また結婚したいという気持ちはありませんでした。

再婚の話が来たときも、乗り気ではありませんでした。

かといって、このまま実家の世話になって生きようと思っていたわけではありません。

自分の人生がどこへ流れていくのか、私には見当がつきませんでした。

それでも親から「相手の身上書だけでも見てみなさい」と言われて、私は興味もなく、それを手にしました。

身上書とは履歴書のようなものです。

履歴書とちがうのは、本人のことだけではなく兄弟や家族の履歴も書かれていることです。

当時はまだ恋愛結婚は多くありませんでした。

身上書から相手とその家族のことを知って、興味が湧いたらお会いするというのがふつうでした。

運命は不思議なものです。

再婚する気などなかった私が、何気なく相手の方の身上書を見て、直感的に「この人と結婚しよう」と思ったのです。

どうしてそう思ったのでしょうか。

この本を読んでいる方は「そんな理由か」と驚かれるでしょうが、身上書の学歴の欄を見たからでした。

そこには今まで自分には縁のなかった、本人も含めてそうそうたる教育を受けられた方々が並んでいたのです。

「なんて現金な理由だ」と思われるかもしれません。

たしかにそうかもしれません。

私は大学も出ていませんし、家族にも高い学歴のある人はいません。

だから学歴が何なのか、そんなによく知っていたわけではありません。

それでも気がついたときには、私は父や兄に、

「私、この人のところへお嫁に行く」と言っていたのです。

それまで私の人生に、学歴という言葉はまったくありませんでした。

だからこそ、それが未知の世界の入り口になりそうな気がしたのかもしれません。

この子を立派に育てなくては

私の宣言に、兄はすぐさま反対しました。

「相手には連れ子がいるんだぞ。もし自分の子ができたらどうするんだ」

兄はそう言って、結婚はしないよう説得してきました。

しかし、父は「おまえの考え方しだいだ」と言いました。

父は、どんなときでも、私のことを否定しませんでした。

その父の言葉に勇気をもらって、私は兄の説得を拒否しました。

どうして、私はそんなに頑固に自分の意志をつらぬいたのでしょう。

私は、子どもの頃は、積極的に発言したり、活発に動き回ったりするほうではありませんでした。

その頃は、女性は男性の言うことを聞いて、奥ゆかしくしていれば良いと言われていた時代です。

私もそうするものだと思って、兄にも従ってきました。

でも、このときは、どういうわけか、兄に刃向かったのです。

兄は語気を強めて、反対しました。

それでも私は屈しませんでした。

どうしてそんな気持ちになったのか、自分でもわかりません。

会ったこともないのに、「この人と結婚しなくてはならない」という確信のようなものが内から込み上げてきて、抑えられませんでした。

そんなことは初めての経験でした。

もちろんそれは恋愛感情とはちがいます。

学歴に引かれたのはたしかですが、それだけではない何か強い思いが私を引っ張るのを感じていました。

私は兄の反対を押し切って、それからまもなく相手の方とお見合いをしました。しっかりとした穏やかそうな方でした。

お見合いの場に、相手の方は五歳の息子さんを連れてこられました。さぞかし緊張していたはずです。

ところが、その子は初対面だった私に「お母さん、お母さん」となついてきたのです。

それを聞いたとき、私の中につらぬくような強い感情が走りました。

自分のおなかを痛めて産んだ子ではないのに、初めて会ったその子が愛しくてならなくなりました。

会ったばかりというのに、「どうあっても、この子を立派に育てなくては」という責任感が自分の中にふつふつと湧いてきたのです。

身上書を見たときに、「この人と結婚しなければ」と思ったのは、じつは「この子を育てなさい」というメッセージだったのかもしれない。

私はそう確信しました。

そして、これが縁というものなのではないかと思ったのです。

幼くして母親を亡くしたその子は不憫でした。

その子の世話をしてくれているおばあさまが、文字の読み書きもできないというのも、その子の将来を思うと心配でした。

でも、そういうことを超えた何か深い縁というものがあるのではないかと思ったのです。

結婚したばかりの夫とすぐに離れ離れになり、やがて戦死の知らせを受けたのも、私にはどうすることもできない縁だったのかもしれません。

そして今、母を失った五歳の男の子と出会ったのも縁なのかもしれません。

縁に良いも悪いもありません。

でも、その与えられた縁を大事に育てていくのが、私の役目なのではないか。

そんなふうに思いました。

このときはまだ深く意識していませんでしたが、縁を一生懸命に生きるという生き方は、このときから始まったのかもしれません。

この子を立派に育てていくにはどうしたら良いのか。

私の中ではすでに答えは出ていました。

しっかりとした教育を受けさせて、立派な大人になる準備をさせることです。

こうして再婚した私は、「教育ママ」に変身したのでした。

進取の気性？　何のことかしら

私は夫と息子と名古屋へ引っ越しました。

そこは名古屋市が戦後の急な住宅需要に合わせて急造した長屋。

六畳一間風呂なしという二軒長屋の狭い部屋でしたが、当時の庶民にとっては当たり前の暮らしでした。

私は夫の仕事についてほとんど何も知りませんでした。

でも、いっしょに暮らし始めて、新聞記者がふつうのサラリーマンとはちがうらしいことはすぐわかりました。

出勤は遅く、帰りはいつも午前様。
週に二、三回は、酔っ払って記者仲間の友だちを連れて家に帰ってきました。
新婚早々、そんな暮らしが始まったのです。
さぞかし、うんざりしたのではないかですって？
いいえ、うんざりどころか、私にとっては人生のもっとも楽しい時期でした。
夫の記者仲間の人たちとおしゃべりするのが楽しくて仕方なかったのです。
六畳一間という狭さで、家具などもあり、しかも子どもも寝ています。
そこに夜中に酔っ払った記者仲間が二人、三人と転がり込んでくるのです。
足の踏み場もありません。
冬はコンロに薪をくべて、明け方までおしゃべり。
そのあとは、みなで雑魚寝です。
記者のみなさんはすでに酔っ払っています。
食事の支度をする必要もありません。
屈託のない人たちばかりでした。

とりとめのないお話をしていて、気がつくと朝ということもよくありました。

それは田舎での家族との静かな暮らしとはまるでちがいました。

でも、私は若くて、体力もありました。

不規則な暮らしもちっとも苦になりませんでした。

昔の長屋でしたので、壁が薄く、隣の音は筒抜けでした。

それでも夜中までおしゃべりしていても、文句を言われることはありませんでした。

あの時代は、貧しいなりに人々が助け合いながら、人生を楽しんで生きていたのです。

隣のお部屋には県庁に勤めている人が住んでいました。

あるときその方とすれちがった際に、「いつも騒がしくして申し訳ありません」とおわびしました。

すると、その方は「良いんですよ。それより、奥さんは進取の気性ですね」と言いました。

「進取の気性？　何のことかしら」

そのときは意味がわかりませんでした。

夜遅くやってくる酔っ払いの記者たちの相手を、いやな顔ひとつせずに引き受けていた姿が前向きに見えたのかもしれません。

でも、私には、そんなつもりはちっともありませんでした。

ただ、いろんな人たちと話をするのは楽しいことだなと感じていました。

そして、自分がみなさんを楽しませるためにできることは何だろうと考えていました。

あとから思えば、それもセールスレディーとしてお客様に接するうえで役に立ったのかもしれません。

名古屋の暮らしはのんびりして、とても楽しいものでした。

けれども、私には「子どもにしっかりと教育を受けさせる」という目標があります。

それが私の役目であると本気で感じていました。

とにかく目的に向かって、子どもとともにその道を着実に進んでいかなければなりません。

私自身は教育もないし、勉強もそんなに好きではありませんでした。

でも、この子には何としても、しっかりした教育を受けさせたい。

それが私の使命だと信じていました。

当時の世間では「男の子は一流大学を出ていなければ出世ができない」と言われていました。

学歴偏重が批判されている現代からすると、おかしなことに聞こえるかもしれません。

今なら「学歴ばかりが人生ではない、出世よりも大切なことがあるはずだ」という意見があるのもわかります。

しかし、その頃は戦後の高度成長期に差しかかっていた時代でした。

焼け野原になった日本を立て直すには、何より学問を身につけて、しっかりと仕事をすることだ、とだれもが感じていました。

もちろん、家庭の事情などで、十分な教育を受けられない人もたくさんいました。

大学へ進学する人も多くはありません。

だからこそ、この子にはしっかりとした教育を受けさせてあげたい。できれば、レベルの高い東京の学校で学ばせたい。

そんな思いから、私は主人に東京への転勤願いを出してほしいと頼みました。

主人は名古屋の暮らしを気に入っていました。

私も名古屋の暮らしを気に入っていました。

でも、私が息子にちゃんとした学歴をつけさせたいという思いを伝えると、主人は理解してくれました。

東京への転勤願いは受理され、まもなく東京本社への転勤の辞令が出ました。

こうして子どもが小学校五年生のとき、私たちは東京へ引っ越したのです。

教育ママ、反抗期にとまどう

東京の住まいは白金にある、六畳と三畳部屋だけの小さな社宅でした。

白金は今でこそ高級住宅街ですが、まだのんびりとした庶民的な町でした。

でも、名古屋とちがって、家の中はのんびりした雰囲気とはほど遠いものでした。

私がすっかり教育ママになっていたからです。

教育ママは、その頃はまだ珍しい存在だったかもしれません。

私は成績が悪いと、そんなことではダメだと息子を叱りつけました。

勉強の仕方にもあれこれ口を出しました。

しかし、遊びたい盛りの中学生にとって、母親からとやかく口出しされることほど、わずらわしいことはありません。

当然ながら、息子は激しく反抗しました。

物を投げつけたり、学校からの知らせを見せなかったり、大声をあげたり。

それはいわゆる反抗期だったのです。

でも、教育ママに徹していた私には、それがわかりませんでした。

それどころか、これは息子のためなんだ、きっと将来は良かったと思ってくれるはずだと心から信じていました。

しかし、中学生になって学校の勉強もだんだんむずかしくなってくると、もう私は勉強を見てあげられません。

主人も仕事が忙しくて、そんな暇はありません。

どうしたら良いだろう。

私に反抗するのであれば、私でなければ良いのではないか。

それなら、家庭教師をつけてはどうだろうと考えました。

その頃はまだ家庭教師をつけるのは珍しいことでした。

今のように家庭教師を紹介してくれる会社もありません。

でも、私に躊躇はありませんでした。

さっそく、つてを頼って、有名大学の学生さんに来てもらうことにしました。

ところが、相性が悪かったようで、結局、すぐに断ることになってしまいました。

どうしよう。

私は考えた末に中学の教頭先生に相談しました。

お母さんは勉強に口出しをしないでください

今なら公立中学の先生に、子どもの家庭教師の相談をするなんて考えられません。

でも、今とちがって受験の情報もなければ、塾や予備校がたくさんあるわけでもありません。

頼りになるのは学校の先生くらいでした。

時代は昭和三〇年代に入っていました。

もうすぐ東京オリンピックを迎えるという希望や期待感が日本全体にあふれて

いました。

これからきっと豊かな時代がやってくると、みなが信じていました。

だからこそ子どもたちには教育や学歴が大事だと多くの人たちが思っていました。

私も自分は子どものために当然のことをしていると思っていました。

教育ママだなんて考えたことはありませんでした。

中学の教頭先生も、私の思いを受けとめてくれました。

その学校の理科の先生を週二回家庭教師としてつけてくれると言ってくださったのです。

公立中学の先生が、一人の生徒のために家まで来て家庭教師をしてくれるなんて、おそらく今の制度ではできないでしょう。

どうしてそんなことが可能だったのかわかりません。

きっと、おおらかな時代だったのだと思います。

ただし、先生から「一つ条件があります」と言われました。

「何でしょう？」と私は聞きました。

「これからお母さんは勉強のことでいっさい口出しをしないでください」

たしかに私が口出しをすればするほど、息子は反抗的になりました。

それでも私は自分が悪いと考えたことはありませんでした。

これは息子のためなのだと信じていました。

でも、先生は、そんな私のやり方が、かえって息子を追いつめていることに気づいていらっしゃったのでしょう。

「わかりました」と私は言いました。

先生がそうおっしゃるなら、もう一切口出しはすまいと決めました。

何か言いたくなることもありました。

でも、そんなときには先生との約束を思い出し、じっとこらえました。

先生との相性が良かったのか、私が口出しをやめたのが良かったのか、息子の反抗はだんだん落ち着いてきました。

勉強にも集中できるようになりました。

これなら、目標にしている名門高校にもきっと受かるだろうと思っていました。

挫折が新しい道を切り開く

ところが人生は、なかなか思い通りにならないものです。

第一志望の高校に進むことはできなかったのです。

しかし家庭教師の件でお世話になった教頭先生が、とても良い私立高校があると教えてくれました。

そこはある名門高校の元校長先生が最近創立された新設校でした。

これも縁です。

不思議なことに、縁というのは何か思い通りにならないことがあったときに、ふとやってくるのです。

思い通りにならなかったことにいつまでもこだわりつづけていると、縁がやってきていることに気づきません。

思い通りにならないと苦しいですが、苦しいということは方向転換をしなさいという知らせでもあります。

そのときに、頑固に今まで通りのやり方をつづけようとすると、せっかくの縁が流れてしまいます。

苦しいからといって、そこにとどまりつづけて「私は不幸だ」「私はかわいそうだ」と嘆いているとしたら、なんともったいないことでしょう。

苦しみは、かならず縁と手をつないでやってきます。

苦しみばかり見ていると、差し伸べられている縁の手を見過ごしてしまいます。

当初の希望通りとならなかったことは、私にとっても一つの挫折でした。

しかし、挫折はいつだって新しい道を切り開いてくれます。

息子はその創立されて間もない高校へ進学しました。

その瞬間、息子とともにこの学校でがんばっていこうと決意を新たにしていました。

空気を読まなければ風穴が開く

その学校は新設校なので、校舎はきれいで、敷地も広く、明るい雰囲気でした。

近くには名門大学もあり、アカデミックで落ち着いた地域にありました。

息子も落ち着き、中学のときのように反抗することはもうありませんでした。

私も勉強のことはすべて学校におまかせするつもりでした。

ところが、気になることがありました。

学校の創立者である校長先生は、「人づくりをめざしていく」ことを教育方針に掲げていました。

人づくりですって？

今であれば、「人づくりをする」といえば、きっと、すばらしい教育方針だと言われるでしょう。

でも、とにかく、まずは教育を第一に考えていた私には納得いかないものでした。

もちろん、人づくりは大事です。

でも、高校なのですから、まずは勉強をしっかりすることを最優先にしてほしいと思いました。

せっかくの新設校なのですから、まずは進学校をめざし、そこから人づくりをしたって遅くないのではないでしょうか。

そんなことを考えると、もういてもたってもいられません。

ＰＴＡ役員をやっていた私は校長先生を訪ねて、「人づくりより進学校にしてください」とお願いしました。

先生は面食らったと思います。

学校の教育方針に、生徒の母親が異議を唱えるなんて前代未聞です。

このお母さんはいったい何を言っているんだと思われたかもしれません。

でも、なんどもお話しするうちに、校長先生も私の言うことに耳をかたむけてくださるようになりました。

たんなる気まぐれやわがままで進学校にしてほしいと申し上げているのではない。

そのことをわかってくださったのだと思います。

何より心強かったのは、そんな私にほかの生徒のお母さんたちが賛同してくれたことです。

みな心の中では、「進学校をめざしてほしい」と思っていたのに、それを言い出せずにいたのでした。

今で言うところの「空気を読まない」私の行動が風穴を開けたのでした。

何かが終われば、新しい何かが始まる

三年間の高校生活を終えた息子は、大学へ進学しました。

そこは私の意中の大学ではありませんでしたが、私に挫折感はありませんでした。

理科系が得意だった息子は自分で選択した大学へ進んだのです。

本人にとっては楽しい学生生活だったようです。

私もすっかり吹っ切れて、主婦として家庭のことに専念した静かな生活がつづきました。

何より子どもにしっかりとした教育を受けさせることができたという達成感がありました。

人生は思い通りになりません。

でも、思い通りにならなかった代わりに、何か思いもかけなかったことが始まっているのです。

それは私が最初の夫の戦死の知らせを受けとったときから、折にふれて感じてきたことでした。

息子が大学に通っていた間、家族でいろんなところへ出かけました。

仕事が忙しかった主人も、家族旅行を何よりの楽しみにしていました。

こうして息子は四年間の学生生活を終え、就職も決まりました。

ところが、いよいよ明日が初出勤という日に、息子はこう言ったのです。

「明日から僕は社会人になる。もうお母さんたちに協力することはできないからね」

それは私にとってショックな言葉でした。

これまで息子がいっしょに旅行してくれていたのは、私たちに気をつかってくれていたからなのだと、そのとき気づきました。

息子なりの親孝行だったのでしょう。

それもいつまでもつづくことではないのだと教えられました。

息子と初めて会って、「この子をきちんと育ててあげなくては」と心に誓ったときから、もう二十年近くたっていました。

しかし、息子の自立とともに、その誓いはすでに果たされたことに気づきました。

それは最初の夫の戦死の報を受けて家に戻ってきたときの気持ちに通じるものがありました。

人生が新しい局面へと移っていくときの、何か虚しいような静かな感じです。

でも、何かが終わるときには、かならず新しい何かが始まります。

それが人生です。

終わったことを認めずに、悲しんでいたり、悔いたりしていては、新しいことが始まっていることに気づけません。

今度はいつ、どんな新しい運命がやってくるのだろう。

それがいつやってくるかはわかりません。

しかし、「そのとき」がやってきたときに、すぐに気づけるように、今自分にできることをこつこつとつづけるしかない。

私はそう考えてそれが訪れるのを待っていました。

もちろん、それが保険の仕事との出会いになるとは、このときは思ってもいませんでした。

川上女子会の皆さん
左から高橋暁子さん、倉田佳代子さん、矢島敬子さん、私、鈴木啓子さん

四章

縁の神様におまかせする

縁に良いも悪いもない

人生というのは、初めから決まっているものなのでしょうか。

それとも、自分で切り開いていくものなのでしょうか。

私にはわかりません。

けれども、自分ではどうしようもない運命があることも事実です。

最初の夫が結婚してすぐに戦争に行って、そのまま帰らなかったこと。

今、思いかえしても、私にはどうしようもなかったことだと思います。

それは不幸な出来事にはまちがいありません。

それでも、七〇年もたつと、それもまためぐりあわせだったのかもしれないとも思います。

それから戦争が終わって、私は縁あって再婚しました。

おかげさまで血はつながっていなくても、一人の男の子の母親となりました。

そうした運命もまた、自分で選んだというより、不思議なめぐりあわせのなせるわざだったような気がします。

思いかえせば、私はめぐりあわせ――「縁」と言っても良いと思いますが――に恵まれていたと思います。

川上さんは良い縁に恵まれていますね。そんなふうにおっしゃる方もいらっしゃいます。

けれども、私は縁はだれにでも訪れているのだと思います。

「縁がない」と言っている人は、縁が訪れているのに気づかなかったり、それを縁だと思っていなかったりするのではないでしょうか。

頭の中でいろんなことを考えすぎていると、外からやってくる縁に気づきにくいかもしれません。

これは良い、これは悪いとか、これは役に立ちそうだ、これは役に立たないとか初めから決めつけてしまうと、せっかくの縁も通り過ぎてしまいます。

縁に良し悪しなどないのではないでしょうか。

縁は風のように吹いてくるだけで、それ自体は良くも悪くもない。

ただ、気持ち良さそうな風なら乗ってみれば良い。

私はそんなふうに、気持ち良いと感じる風が吹いてくると直感的に「あっ、これに乗ってみよう」と飛び乗ってきたのかもしれません。

そして、その風に乗って、どこか眺めの良いところへ行ってみようと素直に思って生きてきたのかもしれません。

ときには悲しいことや、思いもよらない失敗をすることもあります。

でも、そんな失敗が、また次の縁を運んできてくれます。

保険は縁をつなぐ仕事

私は長く保険の仕事をつづけてきて、保険とは縁をつなぐ仕事なのだなと感じることがあります。

人生は幸せなことばかりではありません。

だれでも生きていれば、病気になることもあれば、事故にあうこともあります。

そして、だれもが最後はこの世に別れを告げなくてはなりません。

それは悲しいことではありますが、それよりもつらいことは、それで人生につまずいてしまうことです。

病気や事故はつらいことですが、そこから回復すれば、また新たに人生はつづいていきます。

けれども、急な出費がかさんで、それまでの人生で築いてきたものが、そこで途切れてしまうこともあります。

そうならないように、お手伝いをするのが保険です。

言いかえれば、保険とは、人生の縁が切れてしまわないように応援する仕事だと言えるかもしれません。

つらい出来事がふりかかってきたとしても、その出来事を将来の人生の豊かさへとつなげていけるように応援する。

それが保険という仕事ではないかと私は思います。

そう考えると、縁をつなぐことで生きてきた私が、保険の仕事にめぐりあったのも偶然ではないのかもしれません。

保険という仕事の社会的使命

縁をつなぐといえば、東日本大震災のあった二〇一一年、あの恐ろしい地震と津波で二万人近い方の命が失われました。

行方不明になった方もたくさんいました。

あのとき、安否確認にすぐさま動いたのが、ニッセイでした。

うちの会社のセールスレディーは東北のいたるところで活動していました。ふだんから、それぞれのエリアの中で契約されたお客様たちのもとを訪ねていたのです。

そのため、あの地震と津波のあと、私たちのネットワークは、ほかのどのネットワークにもまして、すみやかな安否の確認に役立ったと聞いています。

被害者の方の中には、震災と津波で家も財産も失ってしまった方も数多くいらっしゃいました。

そのため、うちの会社では一時的に保険料の支払いを免除することにしたのです。

さらに、ふつうは自然災害では保険料は支払われないことになっているのですが、その特例も取っ払って、すべての方に支払いを行いました。

それが保険という仕事の社会的使命だと会社は考えたのです。

縁のあった人を応援する

ニッセイという会社の文化を一言で言うとしたら、縁のあった人を応援するということかもしれません。

すでに申し上げましたが、会社の各営業部には本社から営業部長が派遣されてきます。

だいたい三〇代の前半くらいの生え抜きです。

任期はおよそ三年。

その間に営業所で実績を積むことが営業部長の使命です。

それを知っている私たちセールスレディーは、それならみんなで成績を上げて営業部長に花をもたせようとがんばるのです。

そういう文化が会社を超えて、縁のあった人たちにまで広がっていくのが保険の世界の魅力と言えるでしょう。

互いが互いを支え合う。

それは昔から伝統的に日本にあった文化ではないでしょうか。

保険という仕事はそれを担っていると言えるかもしれません。

私もまた、お客様たちに支えられてきました。

セールスレディーが良い成績を上げられるのは、良いお客様に支えられているからです。

たとえば、うちの会社には重大月というのがあります。

これは二月と一一月です。

一一月は業界では「生命保険月」と呼ばれています。

もともとはGHQが提案したものと言われています。

農家が収穫したお米の代金を国から受けとるのが一一月だったので、それに合わせて保険の新規契約をするというのが始まりだったようです。

二月は決算がひかえているので、ラストスパートのかき入れどき。

そんなわけで、どの保険会社でも、二月と一一月が重大月とされています。

これらの月になると、私たちは上から「がんばれ！」とハッパをかけられます。

そのことはお客様たちもご存じです。

中には、気を利かせて、わざわざ連絡をくださるお客様もいらっしゃいます。

「川上さん、協力するよ」

そうおっしゃって、新たに契約をしてくださったり、お知り合いを紹介してくださったりすることもあります。

本当にありがたいことです。

私は一人では何もできませんが、お客様や営業部長、同僚たちが支えてくださるのです。

コンピューターが使えなくても、営業部長や後輩たちが手伝ってくれる。

契約がほしいときには、お客様のほうから声をかけてくださる。

だからこそ、私はお客様とのつながりを大切にするためにも、お客様の何か記念日にはかならず訪問したり、また好みに合わせて様々な営業活動をしているのです。

それを「営業テクニック」と呼ぶ方もいらっしゃるでしょう。

たしかにそうかもしれません。

でも、営業テクニックとは、とりもなおさず、人間同士の基本的な礼儀にほかならないと私は思います。

相手の好みにアンテナを向ける

もし、あなたにとって大切な人がいたら、その人にはどんなことをしてあげるでしょう。

たとえば、次のようなことではないでしょうか。

あいさつをする。

贈り物をする。

会いに行く。

お話を聞く。

どれも当たり前のことばかりですよね。

私がしているのも、そういうことです。

そんな当たり前のことを、見返りなど求めず、当たり前に行うことが、結果的に営業につながるのだと思います。

もちろん、営業という仕事をしているのですから、まったく見返りを求めないと言えば嘘になるでしょう。

でも、見返りよりも、相手を喜ばせたいという気持ちのほうが大事です。

どんなものをもらったら、あの人は喜ぶだろう。

恋人に贈り物をするときにも、そういうことを考えますよね。

私のお客様の中には、会社を経営していらして、お中元やお歳暮などいろんな贈り物をもらっている方もいらっしゃいます。

そんな方が喜ぶのはどんなものだろう。

私はそのことをよく考えます。

それには、相手の方のことをよく知らなければなりません。

お酒を飲まない人に、高級ウイスキーを贈っても仕方ありません。

ふだんから、相手の方に興味を持って、情報を収集することが大事なのです。

恋人や憧れのスターのことなら、何でも知りたいと思うように、ふだんからアンテナを向けておくことです。

誕生日、会社の創業記念日などは基本中の基本です。

そういうときに、相手が興味を持ちそうなもの、珍しいもの、手に入りにくいものなどの情報をお伝えします。

それはあいさつのようなものです。

でも、そんなあいさつをつづけていると、ときに思いがけないことが起こります。

「その契約ちょっと待っていただけませんか?」

あるとき、珍しい食べ物が手に入ったので、懇意にしてくださっていた会社の社長の奥様に電話して、「お送りしますね」とお話ししました。

それからしばらくよもやま話をしていたのですが、ふいに奥様が、「今さっき別の保険会社の方が見えて、養老保険の契約を進めようとしているところなのよ」とおっしゃいました。

それを聞いた瞬間、私の中でセールスレディーの血が騒ぎました。

養老保険というのは、社員全員が加入するのが前提の商品です。

契約できれば大口です。

私はとっさに「その契約ちょっと待っていただけませんか？」と言いました。

ずうずうしいと思われるかもしれませんが、営業にとって大事なのは、あらゆるチャンスを逃さないことです。

これも縁です。

なぜなら、もし珍しい食べ物が手に入らなかったら、私はこの日、奥様に電話をさしあげなかったでしょうから。

また、電話をしていたとしても、もし奥様が養老保険の契約のことを口にしなかったならば、私は「その契約待って」なんて言うはずもなかったでしょうから。

しかし、何らかのめぐりあわせで、私は奥様の会社が他社と養老保険の契約をしようとしていると知ったのです。

これはもう縁としか言いようがありません。

それでも、さすがの奥様も、私の申し出は強引と感じられたのかもしれません。

「この前、川上さんから案内されて別の保険に加入したばかりでしょう」

奥様はおっしゃいます。

でも、私は譲りませんでした。

奥様も私の頑固な性分を知っていらっしゃるのでしょう。ついに折れて、

「わかりました。いつ来られるの？」

とおっしゃいました。

「明日まいります！」

奥様の気の変わらぬうちに動かなくてはなりません。

話が終わって受話器を置くと、私はすぐに営業部長に、明日の飛行機の手配をしてくれるようお願いしました。

こうして翌日、すべてではありませんが、相当数の社員の方の養老保険契約を結ばせていただくことができました。

このように思い出してみると、強引に聞こえるかもしれないと思います。

もし、つき合いの浅いセールスレディーがいきなりそんなことを申し上げたら、おそらくはっきり断られるでしょう。

しかし、結果的にその強引さを奥様が受け入れてくださったのは、長きにわた

るおつき合いと信頼関係があったからです。

信頼は一朝一夕に築かれるものではありません。

だれかと親しくなるまでには、先ほども申し上げたように、会えばあいさつをし、記念日には贈り物をし、ときどき会いに行って、話を聞いたりということが、かならずあります。

地道にあいさつをくりかえし、互いのことに興味を持ちつづけているうちに、いつのまにか何でも言い合える関係が築かれていくのです。

ほしければ、「ほしい」と言いましょう

中部地方出身で名古屋で暮らしていたせいか、私は率直な物言いをするほうです。

名古屋では、ものを買うときは値切るのが当たり前でした。

野菜やお魚を選ぶときにも、よく比べて、大きいものを選びます。

それが当たり前の世界でした。

ほしいものは、素直に「ほしい」と言い、いらないものは「いらない」と言う。そういう世界で私は育ちました。

ですから、東京にやってきて戸惑いました。

東京の人は、ほしくても、ほしくないそぶりをします。

本当はほしいのに、「ほしい」と口にするのは恥ずかしいと感じて、遠慮してしまうのです。

果物や魚の切り身でも、大きいものを選ぶと、みっともないと言われます。ましてや、値切るなんてもってのほかです。

でも、そこには本音を隠して、建前だけでふるまっているようなぎこちなさがあります。

東京暮らしが長くなり、それにも慣れましたが、あけすけにものを言う私の性格は昔からあまり変わっていません。

息子が高校に入ったとき、「人づくりより、勉強に力を入れてください」と校長先生に直談判した話はすでに申し上げました。

同級生のお母様たちにその話をしたときは、みなさん、びっくりされていました。

「校長先生にそんなお話をされるなんて」とも言われました。

でも、私には何のためらいもありませんでした。

そのほうが大事だと信じていたからです。

これから大学を受験する高校生にとっていちばん重要なのは学力だ。

素直にそう思っていたから、その通りに校長先生に申し上げただけです。

私は少数派だったのでしょうか。

いいえ、蓋を開けてみれば、ほかの生徒のお母様方も、みな同じことを思っていたことがわかりました。

本音では、お母様たちはみな子どもたちに勉強してほしかったのです。

でも、先生に遠慮してそれを言い出せずにいたんです。

それを私が言ってくれたので、お母様たちはほっとしたのでしょう。

名古屋にいた頃、「おかみさんは進取の気性だね」と言われたことがあるとお話ししました。

それはひょっとしたら、率直で、遠慮しない私の性分のことをおっしゃっていたのかもしれません。

いずれにしましても、私が「勉強に力を入れてください」と校長先生に申し上げたあと、先生との関係はむしろ良くなったような気がします。

言いたいことを言い合える関係こそ、風通しの良い関係ではないでしょうか。

営業の仕事でも、そうだと思います。

自分の本音を隠していては、ことは進みません。

たとえ、恥ずかしくても、あるいは「みっともない」と思われようと、本音を素直に口に出したほうが、結果的にはうまくいくんです。

むだな遠慮をせず、直感にしたがって行動する。

思いかえせば、私はそうやって生きてきました。

そんな私の率直なところがセールスレディーに向いていたのかもしれません。

私は福の神ではありません

「川上さんは運が良いですね」

会社の同僚や取引先の方から、そんなふうに言われることがときどきあります。

たしかに、まわりから見れば、そう見えるのかもしれません。

三〇回連続でグランプリをとり、殿堂入りを果たしている人は、そうそういません。

それを運の良さだと言われれば、その通りかもしれません。

私はときどきお取引のある会社の記念日などに呼ばれることがあります。

新社屋の落成記念の式典にもなんどか招かれました。

格式の高い場ですから、私も正装してご招待にあずかります。

ときには社長や役員の方が総出で迎えてくれて、貴賓席のようなところに招かれることがあります。

でも、私は外部の人間です。

役員でもなければ、会社の発展に貢献したわけでもありません。

自分の会社ではトップセールスレディーでも、取引先のお客様にとっては、私は保険会社の一介のセールスレディーにすぎません。

けれども、そんな私をＶＩＰ待遇で迎えてくれる会社もあるのです。

どうして、そこまでしてくださるのか。

私には不思議でなりませんでした。

そんなあるとき、同僚がこう言いました。

「会社のほうも、きっと川上さんの運にあやかりたいのかもしれませんね」

そのときは私には意味がわかりませんでした。

同僚が言うには、「商売は運を大事にするものだから、運の良い川上さんを呼ぶのかもしれませんよ」ということでした。

たしかに、事業の成功を願って、会社で神社にお参りしたり、運気の良い場所に社屋を建てたり、ということはよくあります。

店先に招き猫を置いたり、商売繁盛の御札を貼ったりするのも同じでしょう。

いわゆる「げんかつぎ」です。

昔、仙台に仙台四郎という方がいて、その人が訪れる店は繁盛すると言われたことがあるそうです。

ご本人が亡くなってからも、その方の写真を飾ると商売が繁盛すると信じられていたと言います。

もちろん、これは迷信でしょう。

私もまた「福の神」などではありません。

どうすれば運が良くなるかなんて、私にはわかりません。

でも、なんども申し上げてきたように、目の前の縁を大事にしていると、いつかどこからともなく運がやってくるというのは本当だと思います。

お客様もまた私との縁を大事に思ってくださっている。

その結果として運がやってくるのかもしれません。

縁の神様におまかせする

運というのは思い通りになりません。

自分で運を引き寄せてやろうなどと思うと、かえってうまくいきません。

人もお金も、あまりがつがつすると、かえって逃げていってしまうものです。

もちろん「ほしい」という気持ちは大切です。

でも、「ほしい、ほしい」にばかりこだわっていると、何のために「ほしい」のか忘れてしまいます。

「ほしい」のは何のためなのか。

もちろん、仕事としてお金を稼ぐことも大切です。

でも、もう一つ、とても大事なことがあります。

それは縁をつなぐことです。

保険の仕事にかぎらず、仕事というのは、だれかのお役に立つことで、お金を

ます。

するとこ、そのつながりを通して、水が流れるように運が流れてくることがあり

お互いにお役に立てる関係をつなげていく。

お役に立てる関係が「縁」です。

いただきます。

どこにもつながっていない小さな池には何も流れてきません。

でも、池と池をつなげれば、そこにはほかの池から水が流れてきます。

水の少ない池には、水の多い池から水が流れ込みます。

でも、どこにもつながっていない池で、水が流れ込んでくれば良いのにといくら考えていても、そんなことは起こりません。

仕事も同じです。

縁というつながりを通じて、運という水が流れ込みやすくなります。

私たちにできるのは縁を大事にすることだけです。

私もたくさんの取引先の方々との縁をつないできました。

でも、かならずしも、すべての縁がつづくわけではありません。

長くつづく縁もあれば、途切れる縁もあります。

運は思い通りにならないと申し上げました。

縁も同じです。

思い通りになるものではありません。

なぜなら、縁は自分一人でつくるものではなく、相手の方との関係の中で生まれるものだからです。

ごあいさつをしたり、付け届けをしたりしても、それがかならずしも営業の結果に結びつかないこともあります。

でも、そのことでいちいち思い悩んでも時間がもったいないだけです。

自分はやることだけやって、あとは縁の神様におまかせする。

そうすれば悩むこともありません。

大事なことは、やることは一生懸命するけれど、結果にはこだわらないことです。

それをくりかえしているうちに、縁の神様がふいにふりむいて、思いがけない運をくださることがあるのです。

変わる保険の世界

五〇年近くも仕事をつづけてきて、時代も大きく変わりました。

保険の世界も大きく変わりました。

私がこの仕事を始めた一九七〇年代は、日本の成長が安定し、これからもっと豊かになっていく上り坂の時代でした。

オイルショックなどはありましたが、がんばっていれば、きっと将来は良くなるとみんな信じていました。

保険という仕事には、当時もまだ世間の偏見は残っていました。

それでも、生活が豊かになるにしたがって、保険に加入するのは当然のことというふうに思われるようになりました。

八〇年代になると、いわゆるバブル景気で、高額の商品がよく売れました。高額の保険に入るのがステータスのように思われていた時代でもあります。ところが、九〇年代に入るとバブルが崩壊し、その頃から景気もだんだん冷え込んできました。

人びとは必要のないものにお金を払わなくなってきたのです。それに応じて、保険の世界も様変わりしてきました。

それまでは、どこの会社の保険に入っても保障内容も保障額もいっしょでした。ですから、保険に加入するときも、内容はチェックせずになじみのセールスレディーを通して入るのがふつうでした。

ところが、景気が冷え込んで、人びとの財布のひもがかたくなると、そうはいかなくなりました。

お客様のご希望に合わせて、会社ごとにいろんな商品が出てくるようになったのです。

さらに外資系の保険会社も参入してきました。

保障内容や保障額も複雑になりました。

昔は生命保険といえば「死んだらこのくらいもらえます」というものでした。

でも、今は「生きている間にこういう病気になったら、このくらいもらえます」という仕組みのものがたくさんあります。

保険が複雑になったので、私たちセールスレディーも覚えなくてはならないことが山のように増えてきました。

コンピューターにはできないこと

中でも、私にとってのもっとも大きな変化は、コンピューターが導入されたことでした。

コンピューターを使わなければならないのならば、私はこの仕事をやめようと思ったと、すでに申し上げました。

しかし、上司や同僚に引き止められ、入力や管理を手伝ってもらうことで、何とか今日まで仕事をつづけてこられたのです。

コンピューター化はますます進み、今では、あらゆる業務がコンピューターなしでは進みません。

さらに最近では人工知能という言葉を聞くようになりました。

これから、もっともっとコンピューター化が進んでいくのでしょう。

それでも、保険の世界には、どんなに高性能なコンピューターにも、できないことがあります。

それが縁をつなぐことです。

保険は人と人とをつなぐ仕事だと申し上げてきました。

お客様と知り合い、そのお客様との縁がまた新しいお客様につながっていく。

それはコンピューターにはできません。

前にも言いましたが、ニッセイでは保険商品は今でもすべて対面販売です。

保険は人様の人生をお預かりする仕事です。

実際にお会いして、お話しして、信頼を築いていかなくては、お客様としても契約する気にはなれないでしょう。

心のないコンピューターに、その代わりはできません。

今、うちの会社を支えている方たちの中には、六〇代から七〇代のセールスレディーもたくさんいらっしゃいます。

ニッセイでは毎月売り上げのトップ一〇〇位までが発表されるのですが、六〇代以上の方がとても多いんです。

長い経験の中でつちかってきたお客様の信用こそが、保険という仕事を支えているのです。

六〇代や七〇代の人たちはかならずしもコンピューターが得意ではありません。

もちろん、私よりはじょうずに使っていますが、それでも若い人がスマホを扱うように、自然には使えません。

そこはお互いにわからないところを聞き合ったり、若い人に教えてもらったりして、協力しながらやっています。

でも、コンピューターができなくても、六〇代以上のセールスレディーが良い成績を上げられるのは、良いお客様との縁を大事にしているからだと思います。

そして、そんなコンピューターの苦手な年配のセールスレディーを、会社がサポートしてくださるからです。

人様を助け、人様に助けられて、私たちに活躍の場があるのです。

それはコンピューターにはできません。

接客にマニュアルはいりません

私が保険の仕事に本気で取り組もうと決心したのは、初めてグランプリをとったとき、男の上司にお酌をしてもらったときだとお話ししました。

当時は、女性が男の人にお酒を注いでもらえるなんて想像もつかないことでした。

こんなふうに扱ってもらえるのなら、この仕事をがんばってみよう。

それが何よりも大きなモチベーションになったのです。

でも、今、若い女の人たちは、男の人がお酒を注いでくれたからといって、びっくりすることはないかもしれませんね。

それでも、この仕事は、自分の努力次第で稼ぐことができます。

その魅力は今も昔も変わりません。

ただし、それには人とじょうずに接することが求められます。

しかし、今の若い人たちを見ていると、人と接するのがあまり得意なようには見えません。

とくに相手の考えを察するのが苦手なようです。

スマホでのコミュニケーションは得意でも、直接人と会って会話をするのには、あまり慣れていないようです。

セールスのマニュアル本のようなものはありますし、そういう本で勉強されている若い人たちもいます。

でも、マニュアルはあまり役に立ちません。

お客様は一人ひとりちがいます。

歳が離れているお客様もいらっしゃいますし、歩んできた人生もいろいろです。

同じお話をしても、一人ひとり受けとり方もちがうでしょう。

そんなときに相手に合わせて臨機応変に対応できるかどうかが、セールスレディーの力なのです。

お客様が、今どんな気持ちなのか、何を必要とされているのか。

それをすばやく察して、反応できる力が問われるんです。

その力は経験からしか得られません。

高齢のセールスレディーが活躍できるのは、そんな理由もあるかと思います。

おわりに　一〇〇歳までは働きつづけます。そのあとは…

この歳になっても仕事をつづけていることに、自分でも驚くことがあります。

さすがに、今は体力的にも、能力的にも昔のようにはいきません。

以前なら当たり前にできたことが、できなくなっています。

仕事をつづけさせてもらえるのは、末永くつき合ってくださる良いお客様に恵まれたことと、まわりの支えがあっての賜物です。

これまでにも限界を感じて、なんどかやめようと思ったことはあります。

八〇代のときは、九〇歳でやめようと決めていました。

仲の良い同僚たちにも、そう宣言していました。

ところが、八九歳のときに七〇億を売り上げて（ニッセイ基準）、私はその年の売り上げ日本一になりました。

ひとえにお客様のおかげなのですが、そうなると、会社にも引き止められ、簡単にはやめられない雰囲気になりました。

そして、九九歳になろうとする今でも仕事をつづけています。

ときどき私は自問することがあります。

どうして仕事をつづけているのだろう、と。

もう十分すぎるほど働きました。

家も建てました。

海外旅行にもなんども出かけました。

別荘も持てました。

男の人にも数え切れないほどお酌をしてもらいました。

今よりも仕事にバリバリ取り組んでいた頃に叶えたかった目標は、だいたいすべて実現しました。

それでも、まだ私が仕事をつづけているのは、どうしてなのでしょうか。

それはきっと、私がこの仕事が根っから好きだからなのだと思います。

私のまわりには良いお客様がいます。

私を支えてくれるたのもしい同僚たちもいます。

同僚たちとは女子会と称して、自宅でお茶会をしたり、食事やお花見に出かけたりもします。

みんな私より若くて、優秀なセールスレディーです。

私にとっては同志のような存在で、いつも元気や刺激をもらいます。

私が与えられるものなど、何もありません。

でも、優秀な同僚たちのことです。

私が何かを教えたりしなくても、私とのおしゃべりやおつき合いの中から役に立ちそうなことを学んでいるのかもしれません。

だとすれば、この歳まで仕事をしてきたことで、少しは人のお役に立てているのかもしれません。

これからの目標ですか？

そうですね。
とりあえず、一〇〇歳までセールスレディーをつづけることです。
一〇〇歳になったら？
さあ、その先は私にもわかりません。

川上二三子（かわかみ・ふみこ）
大正10年（1921年）岐阜県笠松町生まれ。
50歳で日本生命のセールスレディーとして
働きはじめると、みるみる成績を伸ばし、
30年連続で全国売り上げ上位500名にあたえられる
「グランプリ」を獲得して殿堂入り。
89歳のときに70億円を売り上げ（ニッセイ基準）日本一を獲得。
今年99歳になるが、元気でお客様に接している。

構成　田中真知
編集　橋本俊彦
スペシャル・サンクス　鈴木啓子　松本健
協力　ニッセイ新宿支社のみなさま
　ニッセイ明大前営業部のみなさま

99歳《さい》、現役《げんえき》です！
最高齢《さいこうれい》ニッセイセールスレディーの生《い》きかた働《はたら》きかた

2020年1月30日第1版第1刷発行

著者　川上二三子
発行者　岡聡
発行所　株式会社　太田出版
〒160-8571
東京都新宿区愛住町22第3山田ビル4F
電話　03-3359-6262
振替　0120-6-162166
ホームページ http://www.ohtabooks.com/

印刷・製本　中央精版印刷株式会社

ISBN978-4-7783-1684-6　C0095